陰影日記

是我不夠善良嗎？
10把陰影鑰匙，解鎖真實完整的自己！

MON
SHADOW WORK
JOURNAL

EMERIC LEBRETON

艾梅力克・勒伯東——著
黃琪雯——譯

關於作者

艾梅力克・勒伯束（Emeric Lebreton）是法國知名心理學博士，著有多本暢銷著作。二十年間，他以心理治療師身分協助許多個案尋求讓生活過得更好的答案與解方。歡迎讀者透過電子郵件聯繫他：emeric.lebreton@orientaction.com

【警語】
本書無法取代任何專業醫療諮商，
並可能喚起某些讀者深藏於內心的情感與創傷，致使感到痛苦。
作者與出版社呼籲，若感覺情緒出現不適，請盡快尋求專業人士的協助。

目 錄

推薦序──辨識陰影的 10 把鑰匙／鐘穎（愛智者書窩版主）　　4

前言──什麼是「陰影」？　　7

為什麼要探索陰影？　　11

如何練習寫自己的陰影日記？　　15

鑰匙 1　我的投射　　21
別人是一面鏡子，照見自己的影子。

鑰匙 2　我的夢境　　47
分析夢境，發現潛意識的秘密。

鑰匙 3　我埋藏的記憶　　67
從深藏的記憶中，尋找對自我的認知。

鑰匙 4　我壓抑的欲望　　89
辨識被壓抑的欲望，擺脫沉重的罪惡感。

鑰匙 5　佛洛伊德式錯誤　　119
揭開佛洛伊德式錯誤的面紗，不再錯過生命之約。

鑰匙 6　我的本能衝動　　135
意識到生命中的驅力，緩解內在壓力。

鑰匙 7　我的另類人格　　149
前往與之相遇，你將更了解自己。

鑰匙 8　我的怨憎　　171
驅散陰影中的怨恨，從矛盾和衝突中解放。

鑰匙 9　我的原型　　187
尋找原型，挖掘自我的諸多面向。

鑰匙 10　我的禁忌情感　　209
感受細微的情感流動，悅納完整的自己。

結語　　222

推薦序

辨識陰影的 10 把鑰匙

陰影工作的討論度與日俱增。因為它既是所謂「英雄之旅」的核心，也逐漸成為民主社會的重要素養。

它有兩個重要概念值得注意，那就是：陰影會佔領我們，也會逃離我們。

陰影會企圖佔領我們身體的主導權，使我們言行不一，於是人奮力地想與它拉開距離。漸漸地，你可能會意識到自己似乎擁有兩種截然對立的人格。陰影人格是個巧妙的小偷，它的精力沒有盡頭。面對陰影的步步進逼，人經常會選擇「否認」它的存在，或將其「投射」在旁人身上。

另外，陰影也會逃離我們，每當我們覺得自己似乎抓到它了，意識到它了，它就會躲藏起來，在我們注意不到之處繼續發揮影響力。因此，雖然隨著「陰影」這個名詞日漸被大眾熟悉，但陰影工作的推動依舊面臨著艱難險阻。

嫉妒、憤怒、性、誘惑、貪婪、刻意遺忘、忿恨、冷漠、八卦與陰謀論、正義與倡議，這些行為與情緒的背後經常躲藏著陰影，或者代表陰影本身。即便在理智上知道這件事，但要探詢陰影時，卻很難做到，因為它會飛快逃離；而人則會自我安慰。所

以，陰影工作總是易學難精，容易「當局者迷，旁觀者清」。

我們所憎恨的事物（嗔），以及吸引我們的事物（貪），裡頭都藏著陰影；因此他們才被列為三毒中的兩個，另外一個則是對陰影的無所覺知（痴）。擁有陰影並不是罪，但反覆被它佔有或引誘，卻會使人失去自我，使我們的世界變得狹隘，內心充滿憤怒。

陰影也可能表現為集體層次，作者在書中舉例：對女性來說，最常見的陰影是攻擊性，因為女性通常不被允許表達攻擊（必須溫順可愛），因此它只能以扭曲的方式表達出來，用隱蔽的方式來虐待另一半，或者隱身在某種議題中爆發。許多人因此錯失成長的機會，以及個人的幸福。從這個例子我們就能瞭解，未被揭露的陰影會毀滅我們的人際關係，進而毀滅我們自己。

要知道，陰影不是一個被動等待我們探索的領域，它更是活生生的生命，是我們身體裡的另一個對手。在童話裡，它經常被表達成主人翁的同性手足，例如虎姑婆裡成熟與幼稚的兩姐妹，或者格林童話中性格完全相反的兩個兄弟。當其中一人大膽擁抱生命時，另外一人就會想方設法破壞生命的慷慨。

尤有甚者，我們會被邪惡的原型所吸引，企圖利用它來破壞他人的幸福或社會的和諧，只因我們自己對生命感到困惑與痛苦。而且，它經常披著正義的外衣，用來藏匿我們的怨恨。因此，陰影工作不僅是心理學的重要概念，它也是公民社會的重要課題。若不加以重視，言論自由就會遭到濫用，讓理性的公民社會淪為偏激的部落社會。

能識別、接納自己的陰影（請注意，我這裡沒有用到「整合

陰影」這樣的用語），我們才能重新感受到開闊。因為治癒了某些成長的傷口，我們會更少衝動、更少成癮，同時體會到更多平靜的喜悅與深刻的慈悲心。

由於你已走過地獄，所以更能理解那些還在地獄裡受苦的人。

想用一本書來完成陰影工作肯定是不足夠的，但作者並沒有這樣的企圖，他只是為勇敢的人們打造了十把開啟內心花園的鑰匙，並將它交到我們的手上。現在，進入這座花園的權利就在你的手上。

我曾見過許多人在那裡躊躇不前，只因將痛苦歸罪於環境與他人實在太過容易與甜美。如詩人所言，這是一條鮮少人走過的路。但我可以向你保證，裡頭那些令人恐懼的事物裡頭，也藏著生命的禮物。

――本文作者為愛智者書窩版主 / 諮商心理師 鐘穎

前言

什麼是陰影（shadow）？

> 當你迎向陽光，就看不見自己的陰影。
> ——美國盲聾作家暨教育家海倫・凱勒（Helen Keller）

我要告訴你們一個秘密。

在某個地方，有一座高牆圍繞、還被一道生鏽的柵欄給關閉了的花園。這座花園中，藏著你未曾坦承過的恐懼、欲望，以及壓抑的衝動與回憶。所有影響你的人生、但你並未意識到的一切，全都藏在這座花園中。你的人際關係的本質與打造人生經驗的方法，連同愛情與友情、幸福與成就、喜悅與悲傷，絕大部分都取決於這座秘密花園。

從來沒有人能夠踏進這座花園，就連你最親近的人也是，到最後，連你也忘了它的存在，甚至不記得該怎麼去。就算記得，也因為遺失了鑰匙，不得其門而入。於是，所有想真正認識你的人，不會知道那些你未曾坦承的恐懼、欲望，以及壓抑住的衝動與回憶。包括你自己，也是。

於是，這座秘密花園就這麼荒蕪了，任憑一切自由但漫無秩序地生長。花朵與雜草搏鬥；甜美的欲望果實與怨恨的情緒漿果

交雜；營養的根系與毒蘑菇相混；勤勞的蜜蜂與令人害怕的寄生蟲也毫無區別地存在於其中。這座花園就像交給了大自然照料，而與此同時，也處於兩股相反力量的拉扯之中。

- 你既然想起了這座花園，難道不想重新找到通往花園的路徑，並拿回打開柵欄的鑰匙？
- 難道你不想照料荒廢的那部分自我，好好整頓一番？
- 在這個神秘——甚至有點恐怖——的地方，說不定埋藏著秘密的寶藏！
- 也許你在那裡的某些發現，會讓你的意識和生命變得豐富，讓你的存在變得完整？
- 說不定，在那裡能找得到一種藥方，治癒某些你以為無藥可救的傷痛？
- 如果能更加了解自己，或許你可以重拾那份實現夢想所缺乏的信心？

我現在描述的這個花園，其實正是心理學所謂「陰影」（shadow）的隱喻。陰影指的是我們潛意識的一部分，包含了所有我們隱藏的一切，所有我們出於羞恥、內疚或單純只因讓人知道會尷尬、而不欲人知的一切。如同心理學大師榮格（Carl Gustav Jung）所言：「人類會將所有視為低等、原始、不適宜或不幸的一切，投射於陰影之上。」

就這點而言，陰影是光明的對立面。光明面代表著我們每天向周遭的人（配偶、同事、朋友等）展示的那部分自己。人們會像在 IG 上拍影片的網紅一樣展示出美好的一面，為此他們抹去

自身缺點,刪除自認無趣的元素,為了讓別人接受自己,調整了行為與想法。

身為一名諮商師,我每天都在見證這些行為的發生。我的個案都在尋求解決問題的方法,但他們只向我呈現光明面,因此我們也就無法一同找出心理障礙的根源。事實上,他們得到幸福的關鍵,就藏在他們的秘密花園——換句話說,就是他們的陰影——當中。

當一部分的自己在掩藏與毫無覺察的情況下保持隱形,那個部分的自己就是陰影。陰影好比浮在水面的冰山,深邃且複雜。表面上一切看似簡單清楚:這樣的關係、那樣的成就、這樣的衝突、那樣的創傷等;但內心深處,一切其實更為複雜而陰鬱,原來以為的清晰實則模糊,恐懼之下還隱藏著欲望的投射,佛洛伊德式錯誤(*Freudian slip*)揭穿了隱藏的意圖,而爭執往往會暴露出內心的創傷。

艾提安的奇異相遇

艾提安49歲,是巴黎一所知名大學的教授。他老是覺得同事與學生都不了解他,所以前來諮商。他很難跟他們建立關係,而且心裡總是不舒坦。近幾個月來,他只要一想到要上課就會焦慮不已,寧願埋首論文,也不想出門。他希望了解原因何在,尤其渴望重拾年輕時對教學的熱誠。

有一天,他向我講述了一個反覆做過的夢。夢裡他獨自走在一座濃密幽暗的森林,儘管這座森林顯得陰森可怖,他依然奮力前行。突然間,一道身影出現在眼前。在好奇心的驅使下,他朝那道身影走近,想與對方攀談。在那個當下,他覺得對方似曾相識,只是想不起來到底在哪兒見過。

對方身上散發出了一股鮮明的權威感,讓人覺得安心的同時,又令人感到畏懼。「那個人很……」,艾提安思考了一下合適的措辭──「令人印象深刻」,「而且似乎對許多主題都擁有豐富的學識。」由於艾提安向來好學,因此他希望對方能將所有知識都傳授給他,然而與此同時,他又感到緊張不已。這樣的經驗實在令人不安。

在諮商的當下,艾提安望著我,眼中突然閃過一絲光芒。他說:「那就是我啊!是學生與同事眼中的我。」

艾提安遇見的是他的陰影──他所拒絕知道、關於自己的那部分,那就是:他不再是那個初執教鞭的年輕教師了。現在的他是許多書籍與研究報告的作者、知名講者與權威的教授,他在他學生與同事眼中成了一名重要人物,只是他對於自身的認知有偏差,總覺自己太過年輕且缺乏經驗,從而對他的人際關係造成了干擾。

為什麼要探索陰影？

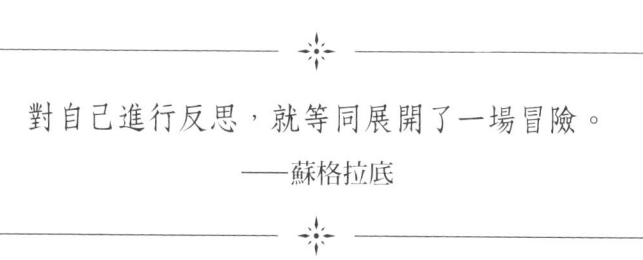

對自己進行反思，就等同展開了一場冒險。
——蘇格拉底

　　就心理學範疇而言，陰影並不僅匯集了我們所拒絕承認的一切（缺點、遺憾、有罪惡感的欲望等），還包含了我們的潛力、能力與獨特性——這些面向若能有意識的整合，可能為人生帶來全新的財富。而對於無數心理學家來說，這代表我們的人格發展能夠在陰影中成長與煥新。

　　這裡舉一個例子。在現代社會，我們會因為所受到的教育和文化，而將性格中一大部分的攻擊性壓抑於潛意識之中，尤其是女性。因為與男性相比，社會較不允許女性具有攻擊性。然而，獲得了接納、整合、引導與昇華——稍後再討論所謂的「昇華」——的攻擊性所產生的珍貴力量，往往能令我們超越個人生活和職業生活的困境。

　　探索、接納與整合內在的陰影，可以令我們的存在狀態更為完整，也能帶來救贖，同時，我們也能在陰影中找到最初與最原始的創傷。加拿大知名自我成長機構的創辦人麗茲・布爾

波（Lise Bourbeau）提到：有五種傷口會妨礙自我成為真正的自己。當我們能夠意識到這些傷口，以及因傷口所導致的衝動和行為，才能在與自我及他人的關係上得到進步與成長。

反過來說，如果我們選擇忽略或抑制陰影，可能會導致某些症狀和障礙，或讓痛苦經久不散，甚至惡化，因為陰影並非一口可以無限充填的無底洞。所有埋藏的一切終將浮出表面，並且試圖顯現於外。而當我們無法覺察，陰影就會用一種間接的方式（也就是透過心理健康問題或精神疾病）來重現。

說回前述的例子。當一個人不願將攻擊性接納為自己的一部分，這種攻擊性就會找到其他的途徑去展現。就像所謂「佛洛伊德式錯誤」，這種錯誤對他人所造成的傷害，並不亞於公然爆發的怒氣。關於這個主題，我想舉一位女士個案的例子。這位女士與她丈夫的關係並不和睦，她對丈夫所做的某些決定多所埋怨，而且她會無意識地在約會時遲到，就像是要讓她的丈夫因為憤怒而痛苦一般。

陰影也會以自我破壞與自我毀滅的形式表現出來，許多人會為此讓自己錯失了一段生命經驗可以帶來的成長機會。一旦他們有機會獲得幸福，就會做出毀壞幸福的決定。有時，他們甚至會藉由賭博、成癮或不規律飲食等衝動行為，導致自我毀滅。他們會不自覺地想傷害自己。

探索陰影，除了是跟自己進行某種形式的和解，更是針對內心最隱密、最為原始與最不被接納的部分進行和解。探索陰影之目的在於找到成長與個體發展的新泉源，從而解決某些衝突，治癒某些傷口，解開錯綜複雜的心結。所有被陰影吸收的精力都將

真正的陽光！

一對父母帶著女兒索蓮娜前來諮商。這個才 11 歲的女孩拿剃刀割傷了自己的手臂。索蓮娜的父母相當驚訝！他們知道青少年可能會有這類行為，只是沒想到會發生在自己女兒身上。對於女兒的自殘行為，他們毫無心理準備，因為她總是安安靜靜且面帶笑容。她的父親這麼形容：「她是個可愛的小女孩，一直都很乖，連隻蒼蠅都不敢殺！」

當我與索蓮娜個別諮商時，她表示，同校的一個女孩不斷攻擊她。不消多時，我便發現這兩個女孩竟是情敵。對方不但散播謠言，還在背後辱罵她，設法孤立她。對於這種狀況，索蓮娜不敢多加辯駁什麼，就怕那女孩對她動手；她也怕如果反擊會遭到退學。她不知該怎麼辦，心裡非常難受。

聽她說話的同時，我很快發現這個小女孩拒絕接受自己內心的陰影。她一直都是可愛乖巧、笑瞇瞇的模樣。她母親總說「她就像陽光一樣。」然而事實上，這個小女孩內心除了歡樂，還夾雜著攻擊性與憤怒，只是她知道父母希望她是個乖巧的孩子，因此將衝動深埋於陰影之中。而她的自殘行為，正是壓抑的攻擊性回歸的症狀。

她需要一個象徵性的空間，讓這股攻擊性以其他的方式來表達。

陰影日記
MON SHADOW WORK JOURNAL

透過你為自己內心所做的努力,而得到完全的釋放!

探索陰影之前,建議你們可以掃描下方的 QR Code,進行線上測驗。這項測驗是根據瑞士精神科醫師榮格的研究所設計。榮格正是精神分析學中的「陰影概念之父」。你可以藉由這項測驗評估自己的陰影是否受到壓抑,或者已經與內心整合。

如何練習寫自己的
陰影日記？

日記，是我們對可以放心傾訴的那部分自己
所做的日常記錄。
——美國小說家安卜羅斯・皮爾斯（Ambrose Bierce）

想對自己的陰影進行探索，就需要一個合格的導遊，而我就是那個導遊。至於你，則需要一種支持的工具——那就是這本日記！這本書旨在協助你泰然、平穩且安全地出發尋找陰影，我設計出這本日記，是為了讓你在陪伴之下進行體驗。你可以藉由問題、練習與實例，探索自己與潛意識中未曾認識的那部分。

如果你想成功探索陰影，你必須學習解讀潛意識發出的訊號，並破譯隱藏其中的訊息。而關於這個獨特、無法理解、且由圖像與隱喻構成的語言，我會傳授你一些基本概念。你的陰影將浮上意識表層，而一旦你有所察覺，接著，恐懼、被拒絕、蔑視或不舒服的感受也許會應運而生。

不過別擔心，這種情緒只是暫時的。當你採取開放而自在的姿態去面對，不用多久就能達到更高層次的理解。千萬別強迫自己，一切隨意而行即可，告訴自己：謎團終將一小部分、一小部

分地逐漸揭曉。與此同時，你必須有點耐心，就算你覺得書中的問題平凡又無聊，它們也會產生意想不到的效果。

- 如果你覺得某些問題很難回答，那就不用回答。畢竟這不是在考數學，不用打分數，沒有獎項可拿，也沒有挑剔的家長得安撫。
- 如果書中某個段落讓你覺得不自在，暫時先將書本擱下，過段時間再讀。如果真的太不舒服了，不妨就改讀其他章節。
- 如果你在閱讀過程中產生了負面的念頭、焦慮或過度緊張，請立即停止閱讀。這是你不該讀這本書的信號。

這意味著你必須在陪伴之下進行探索的旅程。然而，一本書的陪伴並不足夠。某些人會因為自身的經歷與心理創傷而深陷其中，所以在成長過程中需要專業人士提供傾聽、建議與支持。在這種情況下，請不要責怪自己（或這本書），因為獨力完成一件事，有時可能，有時則完全不可能。

這本書一開始，我運用了「秘密花園」這個隱喻。接下來，這個隱喻會貫穿全書，我們將從中學會潛意識的神祕語言。為了進入陰影，我們得利用不同路徑，打開不同的門，為此你必須擁有不同的鑰匙。每一把鑰匙都代表著書中的一個篇章，也都呼應了一項揭示內心陰影的心理機制。以下是 10 把鑰匙的清單：

- 第一把鑰匙：我的投射
- 第二把鑰匙：我的夢境

- 第三把鑰匙：我埋藏的記憶
- 第四把鑰匙：我壓抑的欲望
- 第五把鑰匙：佛洛伊德式錯誤
- 第六把鑰匙：我的本能衝動
- 第七把鑰匙：我的另類人格
- 第八把鑰匙：我的怨憎
- 第九把鑰匙：我的原型
- 第十把鑰匙：我的禁忌情感

　　在每一章中，我們會嘗試讓你的陰影面與光明面互相結合，這並不一定代表你得將你所發現的自我毫無保留地分享給親朋好友，或貿然在社群網站公開你最私密的性幻想。那是一個漸進的過程，你得不慌不忙，如同馴服一頭野獸般，慢慢從理解、接納到整合你的陰影。如此一來，你的行為、態度與思考方式，將會逐漸改變。

　　我祝福你能夠像電影「春風化雨」中性格羞怯的學生陶德一樣，透過馴服恐懼，最終擺脫恐懼的束縛。我也祝福你能夠藉由閱讀本書，以及你每天為了自我提升而做的一切努力中得到收穫。請記住，在探索陰影的過程中，你永遠不是孤單的，我將會陪伴你翻過每一頁，細讀每一個字。如果你覺得有用，可以試著想像我的聲音與我這個親切的治療師就待在你的身旁。寫作的同時，我深深地想念著你。

春風化雨

　　由彼得・威爾（Peter Weir）執導的美國電影「春風化雨」（*Dead Poets Society*）敘述一名害羞內向的學生陶德・安德森與他的同學，在一所保守學校所發生的故事。他們生活在一個墨守陳規、遵循原則的世界，而這個世界隨著一位名叫約翰・基廷的新任老師到來，發生了翻天覆地的改變。基廷鼓勵他們擁有自己的想法，並且把握當下。

　　電影中，陶德與同學探索了深藏於內心的熱情、欲望及恐懼，只是他們的探索經常與學校和家裡的嚴格期盼相左。對陶德來說，那意味著正視在公眾面前講話的畏懼，以及承受讓課業表現上更優秀的哥哥失望的恐懼。陶德的確應當接納內心的陰影──因為那裡藏著他最為原始的恐懼──才能夠成長，並變得更自由、更堅強。

　　在直面自身的膽怯、恐懼與缺乏自信之後，多虧才華洋溢的老師基廷支持，陶德脫胎換骨，不但最終成功透過詩歌坦率地表達自我，還找到了屬於自己的道路。影片最後他因為克服了內在恐懼，不但彰顯出自身的長處優勢，整個人也變得自信且快樂。

請給他們一把鑰匙,
讓他們打開自己的鎖。
——羅伯特・R・麥卡門
(Robert R. Mccammon,美國小說家)

第 1 把鑰匙
我的投射

別人是一面鏡子,
照見自己的影子。

首先，我們先來趟時光之旅。想像現在是 1895 年 12 月 28 日，我們正在巴黎的格宏大咖啡廳（Grand Café）。印度廳裡，有一小群身穿十九世紀衣著的中產階級人士正興奮地交頭接耳。廳內居中聳立著一座聚光燈與一台電影放映機，由盧米埃兄弟（路易與奧古斯都）設計。

奧古斯都問：「你真的相信他們會喜歡嗎？」神情明顯很焦慮。

路易充滿自信的回答：「你等著瞧吧！」

路易朝著觀眾走去，他高舉起雙手，讓所有人安靜下來看著他。「各位女士、先生，歡迎進入新世紀的開始。今天，你們將是第一批見證奇蹟的幸運兒，那個奇蹟就是——電影放映機。我們即將一起進入一個有動作也有光的世界旅行。」

話一說完，路易打開了機器。一束光穿越了印度廳投射在白色牆上，吸引了在場所有目光。牆上出現一行標題：「工人離開里昂的盧米埃工廠」，眾人訝異地竊竊私語。一群工人穿著長袍、戴著大帽子，踩著輕快且微微倉促的步伐，從一棟建築物中紛紛走了出來。緊接著，一隻狗出現在螢幕上，後方跟著一名騎著單車的男人⋯⋯

影片長度只有三十多秒，然而在場觀眾卻看得目瞪口呆。他們在不知不覺中參與了電影史上第一部影片的放映。

讓我們花點時間了解電影放映機是如何運作的吧！因為這部機器的運作或許可以啟發我們對心理運作方式的認知。電影放映

〔鑰匙 1〕
我的投射

機是一部將故事投射至一個載體——通常是白色銀幕——的機器，而故事則存在於電影導演的腦海中。故事奠基於劇本，於電影放映的當下，在螢幕上具體化。

透過電影放映機，一個存在於某人思緒中的故事就轉向了外部載體，而此載體——通常為銀幕——扮演了顯影劑的角色。以心理學來說，這種所謂的投射，便以類似的方式運作。心理學將投射定義為個人將自身的感受、意圖或欲望歸因於某物或某人的行為。

事實上，每個人都會將自己的感受、意圖或欲望歸諸於他人，以致於每次我們在談論別人時，其實就是在談論自己。我們感興趣的就是這點。倘若我們想知道某人潛意識與陰影中隱藏著什麼，只要聽聽他是如何談論別人的就知道了。而透過辨識自我「投射」出什麼的同時，我們還可以看出陰影中包含了什麼。陰影會因為投射而揭露出自身的內容。

愛斯黛拉與「投射」的偷情欲望……

愛斯黛拉走進了我的診療室。她因為太愛吃醋而前來諮商。如同她自己所言，她愛吃醋已經到達了病態的程度。她總會以丈夫與別的女人外遇為由，不由自主地和丈夫吵架。我問她是否握有丈夫出軌的證據？她表示完全沒有，但她就是無法不去懷疑丈夫偷吃，也無法克制自己不去胡亂指控對方出軌……以致於她的丈夫忍無可忍，放話要與她離婚。

> 我在和她討論時,著重於探索她自己內心的欲望,而非她丈夫的欲望。終於,進行完第三次諮商後,她向我坦承她自己對其他的男性存在著欲望。是的,她承認自己有了背叛丈夫的念頭,因為她對其他男性產生了肉體上的欲望,而且頻率頗高。我問她,當她出現這個念頭時,內心有什麼反應。她回答,她立即選擇壓抑這個不好的想法。她的結論是:「因為那是不可以的。」

　　你應該明白了,愛斯黛拉將自己的陰影——也就是偷情欲望——投射在了丈夫身上。她想像他背叛她,或者想要背叛她,是因為她自己就想這麼做。她經常感受到這股欲望,而與此同時,她也滋生了罪惡感。於是,她將這股欲望壓抑於潛意識,以免再次出現。然而,這股欲望並沒有消失,而是藏了起來,並投射在她的丈夫——有著顯影劑的作用——身上,就像電影放映機將影像投射於白牆上。

　　現在,我想你對投射已經有了清楚的概念。我們來嘗試辨認哪些是投射吧!首先,我建議你們進行以下練習:墨跡測驗。

　　這是由瑞士著名的精神科醫師赫曼・羅夏克(Hermann Rorschach)於 1921 年設計的測驗,他在一系列圖卡上呈現了非具象圖案的墨漬斑塊,供受試者進行自由詮釋。進行測驗的專業人士將就受試者的答案進行分析,評估受試者的性格。

〔鑰匙1〕
我的投射

看著以下墨跡,告訴我,你聯想到什麼?不用急著作答,花點時間讓所有的想法逐一湧現,就算很離奇也沒關係。答案沒有好壞之分,重點是,自由表達出你在這個中性載體上所投射的感受、想法、欲望或恐懼。這個測驗應該會讓你聯想起小時候看著天上的雲朵並想像雲朵像什麼形狀的遊戲吧?是的,這正是同一種練習!

這塊墨跡讓你想到:＿＿＿＿＿＿＿＿＿＿＿

請描述細節。如果這塊墨跡讓你想到一隻蝙蝠,請描述這隻蝙蝠的特點(敏捷、緩慢、強壯、沉睡中……),而假使你認為那是一張被揉皺的紙,請仔細描述紙張的質地、散發出的氣味等。

＿＿＿＿＿＿＿＿＿＿＿＿＿＿＿＿＿＿＿＿＿＿＿＿＿＿＿＿＿＿＿

＿＿＿＿＿＿＿＿＿＿＿＿＿＿＿＿＿＿＿＿＿＿＿＿＿＿＿＿＿＿＿

現在,請敘述這個「東西」的行為?想像它的動作或與它相關的動作。它正在進行什麼活動?那些活動有何作用?它活著嗎?舉例來說,如果你認為它是隻蝴蝶,請解釋這隻蝴蝶在做什麼,是正在飛翔,還是停歇?如果在飛翔,那麼飛翔的目的是什麼?如果停歇,那原因是什麼?

進行測驗時,你可能會同時感到小小的擔憂與些微的興奮。大部分的人進行測驗時都有同樣的感受,因為我們一方面想快點知道解讀結果,一方面又擔心自己的潛意識暴露於外。這些感覺很正常。在閱讀本書的過程中,你會經常產生這種錯雜的感受,請習慣它。

以上是墨跡測驗中最簡單的圖形之一。最普遍的答案是:「一隻蝙蝠」「一隻蝴蝶」「一隻蛾」。如果以上都不是你的答案也沒有關係,測驗的目的不在於符合標準,而在學習自我表達的同時,也能親身體驗投射的心理學機制。

讓我們來做第二張圖卡。這張圖片包含的細節較豐富也較複雜,就當是訓練吧。

在那之前,我補充一下:上面那張圖卡稱為「理想的我」。假設你的回答透露出一部分你想成為的你,或一種探索潛意識的方式,那麼,你的回答代表了什麼?請別害怕或批判自己的答案,只要將答案納入自己的思考之中。現在,請憑直覺作答,不要試著賦予答案過多的意義或重要性。

〔鑰匙1〕
我的投射

來看第二張圖卡。這塊墨跡中，你看到了什麼？

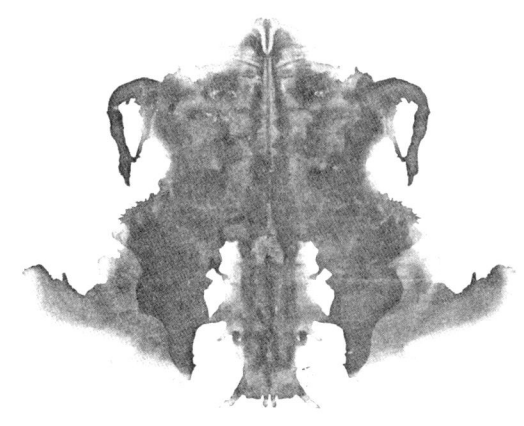

這塊墨跡讓我想到：_____

_____

盡可能給出最多的細節。當你看到這個物體或生物，或人，它有什麼特性？

_____

_____

　　我們稱這張圖卡為「父親圖卡」，因為它揭示了受試者與權威的關係。事實上，的確有受試者在圖卡上看到的是個外表看來帶點威脅性的肥胖男士。而受試者最常給的回答是毛皮或地毯。現在你可以試著詮釋自己的答案。我得提醒你，不要企圖賦予答案過多的意義或重要性，請接受你的答案可能並不代表什麼。

關於你與權威的關係,你的回答是?如果第一時間你沒有想法,你也可以寫上「沒有任何關係」。

___

___

___

墨跡測驗到這裡告一段落。對我來說這是相當緊張的時刻,因為這項測驗非常神秘。現在,我們來探索其他形式的投射,特別是與他人優缺點與隱藏意圖相關的部分。依據「陰影」的概念,無論在個人或職場生活,我們會在跟我們往來的人身上,投射出正面或負面情節。

---◆---

你最常注意到他人的哪些優點?以下是多數人會關注並欣賞的優點。請最多選三個答案。

☐ 同理心　　☐ 正直　　　☐ 誠實
☐ 適應力　　☐ 恆心　　　☐ 慷慨
☐ 謙遜　　　☐ 樂觀　　　☐ 可靠
☐ 博愛　　　☐ 創造力　　☐ 有效溝通
☐ 高 EQ　　 ☐ 領導力　　☐ 有勇氣
☐ 適應力　　☐ 有耐心
☐ 其他(請描述)___

〔鑰匙1〕
我的投射

對於擁有以上優點的人,你有多麼佩服他們?如果滿分為10,你欣賞的程度是幾分?0代表我對這項優點完全不欣賞;10分代表我對這項優點非常佩服。

1. _____ 我佩服的程度為 _____ /10

2. _____ 我佩服的程度為 _____ /10

3. _____ 我佩服的程度為 _____ /10

你自認擁有選項中的某些優點嗎?

☐ 是　　　　☐ 否　　　　☐ 不知道

是的話,是哪些?請說明你為何認為你具備了那些優點。

_____

_____

_____

如果不是,請解釋你為何認為你並不具備以上優點。

_____

_____

_____

　　有些人自認也具備了在別人身上見到的優點。如果你也是,那很正常。我們能輕易在自己身上看見的一切,同樣也能輕易的在別人身上看見。然而,如果你認為自己並未擁有別人的優點,

陰影日記
MON SHADOW WORK JOURNAL

可能是因為你潛意識裡想擁有那些優點。而這或許可以解讀為：你的陰影之中缺乏了自尊。

你經常在別人身上注意到哪些缺點？答案可能很多，但至多選三個。

☐ 懶惰　　　　　　☐ 被動　　　　　　☐ 懦弱
☐ 不聰明　　　　　☐ 缺乏恆心　　　　☐ 傲慢
☐ 懶惰　　　　　　☐ 衝動　　　　　　☐ 固執
☐ 嫉妒　　　　　　☐ 貪婪　　　　　　☐ 自私
☐ 不懂變通　　　　☐ 缺乏耐性　　　　☐ 缺乏同理心
☐ 對他人不感興趣　☐ 過度批評　　　　☐ 消極
☐ 不善良　　　　　☐ 優柔寡斷　　　　☐ 缺乏紀律
☐ 虛偽　　　　　　☐ 不誠實　　　　　☐ 缺乏彈性
☐ 思想僵化
☐ 其他（請描述）：_____

上述缺點是否令你感到不快？請為你的不快程度打分數。0 分代表這個缺點不會令我不快；10 分代表這個缺點令我感到非常不快。

1. _____ 我不快的程度為 _____ /10

2. _____ 我不快的程度為 _____ /10

3. _____ 我不快的程度為 _____ /10

為何別人身上的缺點會令你覺得不快？請說明。

_____

〔鑰匙 1〕
我的投射

_____
_____

這些缺點與你最深刻的價值觀互相牴觸嗎？

□是的　　　　　□不是的　　　　　□不知道

在你生命中，是否曾有段時期經常表現出這些缺點，但你最後擺脫了這些缺點？

□是的　　　　　□不是的　　　　　□不知道

如果是，請試著敘述：

_____
_____
_____

在你記憶中，那段人生時期是否很不好過？

□是的　　　　　□不是的　　　　　□不知道

你認為，你能與那段時期的「自我」與所表現出的缺點和解，並讓那個「自我」完全融入此刻的身分中嗎？

□是的　　　　　□不是的　　　　　□不知道

如果是，你是怎麼做的？如果不是，為什麼？_____
_____
_____

陰影日記
MON SHADOW WORK JOURNAL

為什麼你會決定藉由汰除這些缺點,來做出改變?這麼做是為了讓別人愛你嗎?還是你怕被排擠或羞辱?是怕受到懲罰,還是想達成某個目的?請說明。

艾瑞克會對某些親友不滿,因為他們做了他所不允許自己做的事

　　一名個案告訴我,當他看見有人抽菸喝酒,總會很不高興。與他深入交談後,他坦承自己其實很渴望能夠盡情地抽菸喝酒,只不過那會令他思緒紊亂,工作效率變差,所以他不允許自己這麼做。

　　艾瑞克的職位擔負著極大責任,工作上,他需要長時間的投入與高度的專注力,所以自認無法如此放縱。他覺得要是喝醉了,就無法為公司做出明智的決策,更可能造成公司的損失。而令他惱火的是,與其說是看見某些親友菸酒不忌,不如說是他出於自己的選擇,而無法像他們一樣抽菸喝酒。他的惱火源於自身,他的陰影中隱藏著與親友做同樣的事,擁有同樣生活的渴望——也就是遭到良知拒絕的渴望。

〔鑰匙 1〕
我的投射

你不允許自己出現某些想法,或表現出某些行為嗎?
☐ 是的　　　　　☐ 不是　　　　　☐ 不知道

如果是,你不允許自己做出哪些事?

☐ **表達真實情感**:「我不允許自己在別人面前表現出脆弱或悲傷,我怕別人認為我很軟弱。」

☐ **換工作**:「就算目前工作做得很不開心,我也不允許自己辭掉工作,因為我擔心經濟不穩定。」

☐ **以興趣為生**:「我不允許自己追求創意和熱情,因為從小就被灌輸『這條路一點都不腳踏實地』的觀念。」

☐ **求助**:「我不允許自己去求助,因為我想看起來強悍而獨立。」

☐ **冒險**:「我不允許自己冒險,就算評估過風險也一樣。因為我怕失敗,也怕別人的批評。」

☐ **愛自己**:「我不允許自己接受自己原本的樣子,因為我對自己要求很高,而且也覺得從來就達不到自我的要求。」

☐ **表達意見**:「我不允許自己在討論中發表意見,因為我害怕衝突,或是說出很蠢的話。」

☐ **旅行或探索**:「我不允許自己去新的地方旅行,因為我太依賴舒適圈。」

☐ **擺脫某段關係的束縛**:「我不允許自己離開某一段不幸福的關係,因為我害怕孤單,或讓別人失望。」

☐ **信任**:「我不允許自己輕易信任他人,因為我曾經遭到背叛。」

☐ **休息**:「我不允許自己找時間休息,因為我認為應該時時刻刻保持生產力。」

☐ 哭泣或表達痛苦:「我不允許自己掉眼淚或表達痛苦,我得控制自己的情緒。」
☐ 跟著直覺走:「我不允許自己跟著直覺走,因為我被教導只能依靠邏輯與事實做選擇。」
☐ 進入關係:「我不允許自己進入一段戀愛關係,因為我害怕再度受傷。」
☐ 做自己:「我不允許自己在公開場合完全做自己,因為我怕被拒絕,或是受到批評。」
☐ 其他(請描述):＿＿＿＿＿＿＿＿＿＿＿＿＿＿＿＿

請敘述你不允許自己做的事情及理由;越詳細越好。

＿＿＿＿＿＿＿＿＿＿＿＿＿＿＿＿＿＿＿＿＿＿＿＿＿＿＿＿＿＿
＿＿＿＿＿＿＿＿＿＿＿＿＿＿＿＿＿＿＿＿＿＿＿＿＿＿＿＿＿＿
＿＿＿＿＿＿＿＿＿＿＿＿＿＿＿＿＿＿＿＿＿＿＿＿＿＿＿＿＿＿

當你發現有人允許自己做出以上行為,會因此不高興嗎?
☐ 是的　　　　　☐ 不是　　　　　☐ 不知道

如果是,請詳述你的感受:＿＿＿＿＿＿＿＿＿＿＿＿＿＿＿＿
＿＿＿＿＿＿＿＿＿＿＿＿＿＿＿＿＿＿＿＿＿＿＿＿＿＿＿＿＿＿

你是否允許自己打破自己所設立的規則,以擴大自由空間,並且減輕內在壓力?
☐ 是的　　　　　☐ 不是　　　　　☐ 不知道

〔鑰匙 1〕
我的投射

如果是,什麼時候你會這麼做?怎麼做?請想像幾種你可以採取的行動。

_____

_____

_____

越是意識到陰影的存在,就越要尋找光明面

你應該意識到了一個能夠支配陰影的重要原則。那就是,你的陰影組成元素越是豐富(欲望、衝動、恐懼等),因為你將它們壓抑在潛意識之中,所以你越容易採用投射機制。投射可以釋放陰影過量而產生的壓力,比如,你越是壓抑自己的攻擊性,你就越會感覺別人對你表現出攻擊性,因為你把自己的意圖加諸於他人身上了。

以下是我們容易投射於他人身上的正向行為。你最容易在別人身上看到哪些特點?

☐ **親切**:假定別人總會親切對待他人,就算事實上並沒有。
☐ **誠實**:假定別人總是誠實坦率,就算沒有確切的證據這麼顯示。
☐ **有能力**:認定別人具有高水準能力或專業,就算他們沒有相應的表現。
☐ **正直**:相信別人總是正直並具備道德感,而毫不考慮他們的實際作為。

35

- ☐ **樂觀**：假定別人的態度樂觀正面，就算在某些情況下並非如此。
- ☐ **同理心**：認為別人具有同理心與情緒理解力，就算他們表現出毫無同理心的樣子。
- ☐ **性格堅強**：相信別人擁有堅定的內在力量與適應力，就算實際上他們一點都沒表現出來。
- ☐ **給予支持**：認定別人能隨時給予旁人支持，雖然這是不切實際的期待。
- ☐ **動機**：認定別人擁有高度動機與積極性，就算沒有明確的證據。
- ☐ **開明**：一味認定別人對新想法與經驗具有很高的接受度，就算他們平常態度保守。
- ☐ **慷慨**：相信別人的天性慷慨且樂於分享，完全沒有考慮到他們的實際作為如何。
- ☐ **情感**：假定別人擁有強烈的情感與依戀，因此在與他們互動時，容易做出錯誤解讀。
- ☐ 其他（請描述）：＿＿＿＿＿＿＿＿＿＿＿＿＿＿＿

以下是我們容易投射於他人身上的負面行為。你最容易在別人的身上看到哪些？

- ☐ **嫉妒**：將自己的嫉妒與羨慕歸因於別人。
- ☐ **攻擊性**：指責某人具有攻擊性或敵意，這經常反映出自己壓抑的攻擊性。
- ☐ **操控**：相信別人喜歡操控或使出陰險的伎倆，這經常因為自己內心有此意圖。

〔鑰匙1〕
我的投射

☐ **說謊**：懷疑別人說謊，這或許反映出自己內心的謊言或欺騙。
☐ **懶惰**：批評別人缺乏動力或不努力工作，這可能是為掩飾自己的懶惰習性。
☐ **無能**：把無能或是能力不足感投射在別人身上，這經常是為了抵銷自己對職業的不確定感。
☐ **怨恨**：認為別人總在生氣或記仇，這或許如鏡子般反映出自己從未表達的情緒。
☐ **虛偽**：指責別人虛偽。這可能代表自己言行不一，或不敢當面把事情說出來。
☐ **自私**：覺得別人自私或自我中心。這可能反映出自己自我中心的傾向。
☐ **不安全感**：認定別人有不安全感或低自尊。事實上，自己人格中可能就有這些面向。
☐ **多疑**：相信別人總是懷疑他人有隱藏的意圖。這經常是因為自己的心態多疑，或是對人不信任。
☐ **受害**：認為別人總自認為是受害者。這或許是把自己當受害者的投射。
☐ **其他（請描述）**：＿＿＿＿＿＿＿＿＿＿＿＿＿＿

你認為周遭的人會表現出較多負面行為與意圖，還是較多的正面行為與意圖？通常每個人都有一種主導的傾向。

☐ 較多負面行為與意圖。
☐ 較多正面行為與意圖。

☐ 兩者皆非。
☐ 我不知道。

你是否能意識到正面與負面行為或意圖出現的原因,是來自於你陰影中所包含的信念?

☐ 是　　　　☐ 否　　　　☐ 不知道

你相信人性本善還是本惡?請依照內心真正的想法作答。

☐ 人性本善。
☐ 人性本惡。
☐ 兩者皆非。
☐ 我不知道。

將人性本惡或人性本善的想法投射到他人身上,是否對你有幫助?請以實際例子解釋你從日常生活中獲得的好處與壞處。例如,認為人性本惡,可以保護自己被不良影響、惡意甚至違法的行為所侵害。然而,這也會妨礙我們去結識美好的人。

我的信念所帶來的好處:＿＿＿＿＿＿＿＿＿＿＿＿＿＿＿＿

＿＿＿＿＿＿＿＿＿＿＿＿＿＿＿＿＿＿＿＿＿＿＿＿＿＿＿＿

我的信念所帶來的壞處:＿＿＿＿＿＿＿＿＿＿＿＿＿＿＿＿

＿＿＿＿＿＿＿＿＿＿＿＿＿＿＿＿＿＿＿＿＿＿＿＿＿＿＿＿

〔鑰匙 1〕
我的投射

陰影中到底包含了些什麼？

與一般先入為主的觀念相反，陰影中包含的並非純粹為負面元素，還有人們拒絕融入他們的自我，因而苦苦壓抑的元素。

一個人可能會因為認定對方會傷害自己，或似乎不值得自己的愛，所以壓抑想去對對方好的欲望。一個人也可能壓抑某些正向意圖，因為愛一個令我們備受折磨的人是痛苦的。另外，他也可能壓抑某些正面情感，例如喜悅，因為他被教導不可以將情感輕易地表露於外。

為了繼續探索你的投射，我建議你們去辨識在親友身上作用的投射機制。換句話說，你身旁的人是否將某些欲望、恐懼或意圖投射在你身上？在我們探索陰影的同時也探索親友的陰影，這會是件有趣的事，因為他們看待我們的方式，會對我們造成不小的影響，而每一個人都是藉由他人的眼光來建構自我。

你是否遭遇過：某人宣稱你抱持著什麼樣感情、意圖或是欲望，但是你很清楚自己並沒有。比如，另一半責怪你企圖出軌，但你毫無出軌的念頭。一名同事說你企圖毀掉他或覬覦他的職位，但你完全沒有這樣想過。詳述你如何度過這段經驗。

從下列清單中選出別人投射在你身上的三種形象。例如,你身旁的人可能覺得你是個「英雄」、「心靈導師」,或是「反叛者」。

☐ 英雄:勇敢、堅強、隨時迎接挑戰。

☐ 心靈導師:可以給人智慧建議與方向。

☐ 反叛者:會挑戰權威與成規。

☐ 守護者:會保護別人、可信賴。

☐ 天真無邪:純潔而天真的理想主義者。

☐ 智者:與知識和穩重劃上等號。

☐ 魔術師:具有神秘能力或超能力。

☐ 孤兒:脆弱或尋找歸屬。

☐ 創造者:具創意、懂創新並能進行創造。

☐ 國王／女王:天生有權威感,經常被視為領導者。

☐ 戰士:遇到衝突時,表現得好鬥、堅強且強悍。

☐ 多情的人:熱情且浪漫。

☐ 騙子:狡猾、欺詐或善於操控人心。

☐ 瘋子:古怪且捉摸不定。

☐ 治療師:親切且願意關心他人。

☐ 藝術家:有創意、不墨守成規。

☐ 有遠見者:擁有前衛思想。

☐ 受難者:為了某種信念而願意自我犧牲。

☐ 冒險家:總是尋求冒險與經驗。

☐ 救星:努力促進最貧苦者與最脆弱者的福祉。

☐ 詐騙份子:一個在別人眼中並不老實的人。

☐ 外星人:一個融不進任何團體的人。

〔鑰匙 1〕
我的投射

☐ 其他（請描述）：_____

_____

你覺得別人在你的身上投射了什麼？他們對你有何期待？請詳述。

_____

_____

_____

為了讓這個練習更具體並可以更進一步深入，請試著想想：別人在你身上投射了什麼樣的形象？

你的伴侶：_____

你的父母：_____

你的兄弟姊妹：_____

你的朋友：_____

你的同事：_____

你的老闆：_____

現在，讓我們換個角度：你在公開場合或認識新朋友時，想用哪種形象示人？例如，你最希望別人眼中的你是個「智者」。

☐ 英雄：勇敢、堅強、隨時迎接挑戰。
☐ 心靈導師：可以給人智慧建議與方向。
☐ 反叛者：會挑戰權威與成規。
☐ 守護者：會保護別人、足以信賴。

41

- ☐ **天真無邪**：純潔天真的理想主義者。
- ☐ **智者**：與知識和穩重感劃上等號。
- ☐ **魔術師**：具有神秘能力或超能力。
- ☐ **孤兒**：脆弱或尋找歸屬。
- ☐ **創造者**：具創意、懂創新，並能進行創造。
- ☐ **國王／女王**：天生具有權威感，經常被視為領導者。
- ☐ **戰士**：遇到衝突時，表現得好鬥、堅強且強悍。
- ☐ **多情人**：熱情且浪漫。
- ☐ **騙子**：狡猾、欺詐或善於操控人心。
- ☐ **瘋子**：古怪且捉摸不定。
- ☐ **治療師**：親切且願意關心他人。
- ☐ **藝術家**：有創意、不墨守成規。
- ☐ **有遠見者**：擁有前衛思想。
- ☐ **受難者**：為了某種信念而願意自我犧牲。
- ☐ **冒險家**：總是尋求冒險與經驗。
- ☐ **救星**：努力促進最貧苦者與最脆弱者的福祉。
- ☐ **詐騙份子**：一個在別人眼中並不老實的人。
- ☐ **外星人**：一個融不進任何團體的人。
- ☐ **其他（請描述）**：_____

為什麼你希望別人這麼看待你？因為你內心覺得自己正是那樣的人，還是，你想要迎合別人的期待？

☐ 我覺得這個形象與我相符。

[鑰匙1]
我的投射

☐ 我覺得這個形象符合別人對我的期待。
☐ 我不知道。

無論答案為何,請說明原因。

_____

_____

_____

如果誠實面對自己(不高估也不貶低自己),哪個才是真正貼近你本人的形象?

☐ 英雄:勇敢、堅強、隨時迎接挑戰。
☐ 心靈導師:可以給人智慧建議與方向。
☐ 反叛者:會挑戰權威與成規。
☐ 守護者:會保護別人、足以信賴。
☐ 天真無邪:純潔天真的理想主義者。
☐ 智者:與知識和穩重感劃上等號。
☐ 魔術師:具有神秘能力或超能力。
☐ 孤兒:脆弱或尋找歸屬。
☐ 創造者:具創意、懂創新並能進行創造。
☐ 國王/女王:天生具有權威感,經常被視為領導者。
☐ 戰士:遇到衝突時,表現得好鬥、堅強且強悍。
☐ 多情人:熱情且浪漫。
☐ 騙子:狡猾、欺詐或善於操控人心。
☐ 瘋子:古怪且捉摸不定。

□治療師：親切且願意關心他人。
□藝術家：有創意、不墨守成規。
□有遠見者：擁有前衛的思想。
□受難者：為了某種信念而願意自我犧牲。
□冒險家：總是尋求冒險與經驗。
□救星：努力促進最貧苦者與最脆弱者的福祉。
□詐騙份子：一個在別人眼中並不老實的人。
□外星人：一個融不進任何團體的人。
□其他（請描述）：_____
_____

陰影裡有些什麼？你因為害怕或擔心別人的反應，而不想示人的部分是什麼？你是否希望能有機會多展現出那個面向？

_____
_____
_____

　　這個內省的過程給了你一面鏡子，讓你可以觀察你投射在他人身上，以及他人投射在你身上的陰影與光明面。意識的力量就在於解開你在這些關係中，以期待、恐懼與希望的絲線所織成的網。一旦你能夠讓某些就目前為止仍藏在陰影裡的某個元素，以及你個性中不敢承認的某一面見光，你會從中意識到真實自我所擁有的解放力量。

解夢,
是通往潛意識的道路。
──佛洛伊德

第 2 把鑰匙
我的夢境

分析夢境,
發現潛意識的秘密。

想像你被時光機傳送到離現在兩千多年前，希臘統治下的以弗所（Éphèse，位於今日土耳其西部）。

我們來到了在這個由狩獵女神阿提米絲所保護的港口。在市中心附近一家安靜的小酒館裡，著名的夢境解析家阿特米多魯斯正專注聆聽一位當地商人代美提奧斯敘述前晚所做的奇異夢境。

代美提奧斯的夢境非常不尋常。他夢見了自己穿越了一座茂密的森林。在這座森林中，所有樹木都長著石頭樹身和白銀質地的葉子。他聽見遠處傳來一陣輕柔的豎琴聲，只是他每往前一步，聲音就變得更遠一些，給人一種無法捉摸的感覺。突然間，一隻烏鴉飛近了他的身邊，並對著他說話，牠建議他走一條小徑：那條神秘小徑就隱藏在一棵雕成了貓頭鷹形狀的樹木後方。

當代美提奧斯走上那條小徑，他猛然醒了過來，夢境到此為止。阿特米多魯斯思索了一會兒開始分析：「親愛的代美提奧斯，你做的這個夢充滿了許多象徵。石頭樹森林或許代表商人生活的刻板與本質；銀葉可能象徵由此帶來的物質繁盛。那陣一直無法企及的豎琴聲，或許代表了你一個無法滿足的欲望，或某個你很辛苦想達到的目標。」

代美提奧斯點點頭。阿特米多魯斯的觀察力令他讚嘆不已。

「至於會說話的烏鴉……這種鳥通常被視為神的信差。牠引導你走上一條隱秘的道路，這暗示或許你當下的煩惱會有出人意表的解決方法，也或許你會發現某些從來沒想過的路徑。貓頭鷹是智慧的象徵，表示你應當運用直覺與才智，去找出那條道路。」

代美提奧斯聽得屏氣凝神。此時夕陽逐漸西下，將小酒館染

上一片金黃。他開口:「那麼,我當時突然醒過來,又代表了什麼?」

「那代表你即將發現一個重要的事實,但你還沒完全準備好面對或接受那個事實。所以,你得在清醒著的時候注意訊號的出現。你想找的答案有可能即將揭曉。」

代美提奧斯熱情地感謝了阿特米多魯斯的解夢,接著他心情輕鬆地走出小酒館,彷彿心中的謎團已經解開。他知道從此會以不同的角度看待自己的生意,並留意隱藏的道路與神的訊息,因為或許在其中,隱藏著他尚未察覺、但會為他帶來豐盛收穫的機會。他得留心,並且準備好抓住隨時來臨的機會。

夢境分析是一項非常古老的手法,有超過4000年的歷史。古埃及人就已經會解夢了。目前最古老的解夢書為《解夢書》(*Onirocriticon*),正是二千多年前由阿特米多魯斯所撰寫的作品。他在旅行中聽取了超過3000個夢境,並據此寫成此書。阿特米多魯斯在書中解讀了不少夢境中的象徵(例如「長了超過兩隻眼睛」、「掉了門牙」等。)

而近代精神分析學家如精神分析的創始人佛洛伊德,也藉由研究夢境進入病患的潛意識。事實上,人在夜晚的防禦機制會鬆懈,潛意識的片段會浮出意識表面。藉由分析作夢者所保留的記憶,就可以嘗試了解衝動、恐懼或隱藏的衝突之動力。因此,夢境成了一把可以打開內心陰影之門的鑰匙。

在這本《陰影日記》中,我建議你與這種古老而神秘的手法重新建立連結,前往探索你的陰影。為此,我們就從分析你最近做過的夢,或某個經常重複做的夢開始!接下來,我們將透過一

項練習來探索「清醒夢」的概念。清醒夢也是一種進入潛意識的方法，一扇打開即可進入陰影的大門。

你可以把最近一個印象深刻的夢告訴我嗎？或者是一個重複做過的夢也可以。事實上，某些夢確實會重複出現很多次，這表示潛意識裡有某個尚未解決的問題。

_____

_____

_____

描述你的感覺。

在夢中，我感覺：_____

_____

_____

醒來時，我感覺：_____

_____

_____

你是否在夢中辨認出日常生活熟悉的場景，或是過往的某些經驗的樣貌？

☐ 是　　　　☐ 否　　　　☐ 不知道

〔鑰匙2〕
我的夢境

是的話，請描述有哪些：

_____

_____

你的夢中是否出現某些人物，分別代表了你的優點或缺點？
□是　　　　　□否　　　　　□不知道

是的話，請描述：

_____

_____

你的夢境中是否包含以下角色類型？

□ **動物**：牠們傳遞來自本能的訊息，或是代表性格的某些面向。

□ **孩童**：象徵天真無邪、新生成長的潛能，或是被忽視的自我特質。

□ **長者**：代表著智慧、經驗、建議或是從生活中學到的教訓。

□ **知名人物**：反映的是對作夢者而言值得敬佩、反感或是學習的特質。

□ **宗教或神話人物**：理想主義者。對於生命的信念，或是生活的精神層面之象徵。

□ **國王、女王或其他權威人物**：代表權力、控制或是法律。他們有可能是保護者，也有可能讓人感到威脅。

□ **朋友或是同事**：反映出我們如何看待自己或是他人的關係層面或

是性格。
- □ 陌生人：反映出作夢者尚未承認或全然接受的某個自我面向。
- □ 虛幻或小說人物：象徵原型、欲望、恐懼或是憧憬。
- □ 超自然生物或外星人：代表未知、神秘，或是對未知的恐懼。

請描述在你夢中出現的人物，以及他們所扮演的角色：

_____

_____

你的夢境之中是否包含了以下行動？
- □ 逃跑：象徵逃避現實生活中的某個問題或是恐懼，或者也象徵逃避某個困難處境的欲望。
- □ 游泳：代表情感面的探索。水是情感的象徵。
- □ 搏鬥：表示某個內在衝突或是與他人的衝突。夢中的搏鬥象徵了現實生活中的挑戰或是障礙。
- □ 飛翔：與自由和獨立有關。在夢中飛翔也可能象徵了偉大的志向。
- □ 尋找：表示追求生命中缺乏的某樣事物——無論是一個答案、一種意義或是一項物品。
- □ 走路：象徵生命中的進展與努力，或是探索全新的道路。
- □ 駕駛：與對自己生活的掌控相關。駕駛的方式可反映出經營現實生活的方式。
- □ 說話：象徵自我表達的需求。和某個熟悉的人或是陌生人說話，分別有不同的象徵意義。

〔鑰匙 2〕
我的夢境

- [ ] 跳躍：代表冒險或是跨越生活中的某個障礙。
- [ ] 旅行：反映出改變、探索全新世界的欲望，或是對逃離例行生活的渴望。
- [ ] 墜落：在夢中墜落象徵著對失敗的恐懼，或是不安、失去控制的感覺。
- [ ] 被跟蹤：反映出內心感覺受到威脅，以及恐懼，或者想要逃避現實生活的某項事物。
- [ ] 掉牙齒：這是常見的夢境，象徵焦慮、失去，或是即將到來的改變。
- [ ] 死亡：在夢境中出現死亡，並不一定有負面意義。有可能象徵某個局勢或是某個時期的結束，以及全新的開始。

請描述在夢中的主要行為，你會更容易斷定夢境的深層含義。

_____

_____

你的夢境中是否出現以下的東西？

- [ ] 鑰匙：象徵入口、問題的解決方法，或是發現某個珍貴或秘密的物品。
- [ ] 時鐘：代表著對於與時間、截止期限或與時間流逝相關的恐懼。
- [ ] 鏡子：反映了自我的形象、自省與隱藏的真相。在夢中照鏡子是一種非常獨特的體驗。
- [ ] 水：水是情感與潛意識的象徵。水的澄清或混濁可以反映出情感

的狀態。

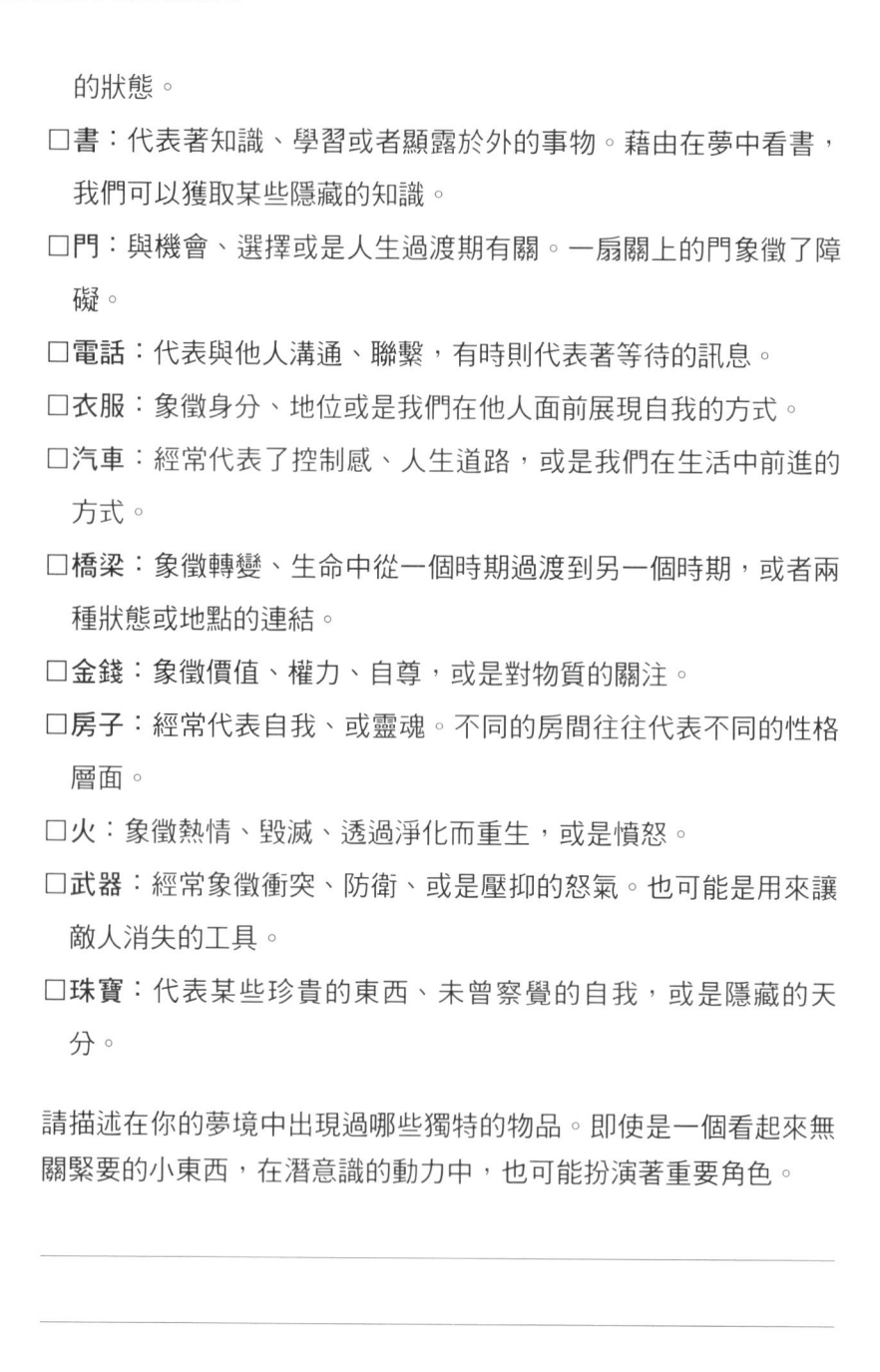

☐ **書**：代表著知識、學習或者顯露於外的事物。藉由在夢中看書，我們可以獲取某些隱藏的知識。

☐ **門**：與機會、選擇或是人生過渡期有關。一扇關上的門象徵了障礙。

☐ **電話**：代表與他人溝通、聯繫，有時則代表著等待的訊息。

☐ **衣服**：象徵身分、地位或是我們在他人面前展現自我的方式。

☐ **汽車**：經常代表了控制感、人生道路，或是我們在生活中前進的方式。

☐ **橋梁**：象徵轉變、生命中從一個時期過渡到另一個時期，或者兩種狀態或地點的連結。

☐ **金錢**：象徵價值、權力、自尊，或是對物質的關注。

☐ **房子**：經常代表自我、或靈魂。不同的房間往往代表不同的性格層面。

☐ **火**：象徵熱情、毀滅、透過淨化而重生，或是憤怒。

☐ **武器**：經常象徵衝突、防衛、或是壓抑的怒氣。也可能是用來讓敵人消失的工具。

☐ **珠寶**：代表某些珍貴的東西、未曾察覺的自我，或是隱藏的天分。

請描述在你的夢境中出現過哪些獨特的物品。即使是一個看起來無關緊要的小東西，在潛意識的動力中，也可能扮演著重要角色。

[鑰匙 2]
我的夢境

在你的夢境中,是否出現難以解讀的象徵或隱喻?
☐ 是　　　　☐ 否　　　　☐ 不知道

如果是,請描述:

_____

_____

你在夢中做決定或是行動的方式,是否與清醒時有所差別?
☐ 是　　　　☐ 否　　　　☐ 不知道

是的話,請描述:

_____

_____

這個夢是否包含了你在現實生活中想避開的層面,或害怕的狀況?
☐ 是　　　　☐ 否　　　　☐ 不知道

是的話,請描述:

_____

_____

透過夢境，了解潛意識的語言

潛意識與顯意識採取了不同的規則在運作，所以你得先了解在潛意識中，時間並不存在：過去、現在與未來彼此交織，因此過去的記憶與未來的期待也可能互相錯雜。另外，你也應該了解，在潛意識中，現實與想像也常常相互浸染，這就是為什麼在夢中的我們既可以飛翔，也會因為膝蓋撞上了石頭而受傷。

潛意識是由影像（而非字句）構成，而且利用隱喻、寓言和比喻表現出來，也就是說，如果我們想與潛意識溝通，就得運用隱喻性的語言。此外，複雜的心情狀態常常會透過影像，將複雜的情緒與具體的感官經驗連結，有助於我們理解。好比說，當你感覺被悲傷給淹沒了，就可能夢見自己正被波濤洶湧的大海給淹沒。

現在，往潛意識的深處走，嘗試靠近你的陰影。陰影包含了內心因為自己或是身邊人無法接受，而無法表達出的欲望與衝動。

你在夢中是否曾經違反法律或規則？

☐ 是　　　　☐ 否　　　　☐ 我不知道

是的話，請敘述：

_____

_____

你在夢中是否曾做過現實生活中做了會丟臉、或是有罪惡感的事？

☐ 是　　　　☐ 否　　　　☐ 我不知道

是的話，請敘述：

_____

_____

_____

你在夢中是否曾做過會讓身邊的人指責的事？
□是　　　　　□否　　　　　□我不知道

是的話，請敘述：

_____

_____

_____

春夢

　　對人類來說，春夢是一種普遍且自然的經驗。睡眠時，潛意識掙脫了在清醒期間支配行為的社會與道德約束，讓在日常生活中遭受壓抑或不承認的性幻想與欲望得以表達。

　　你可以想像夢境就像個劇院，不被承認的欲望在此輪番上演，也為那些在現實中被禁止實踐的想法與衝動，提供一個安全且私密的發洩管道。因此，我們必須理解：夢是人類正常心理的一部分，而且與現實生活中的選擇與行動有別。所以，我們不該將作夢視為罪惡感或困惑的來源，它們只是反映了潛意識的豐富內涵，是一種既自然又健康的自我探索。

陰影日記
MON SHADOW WORK JOURNAL

你曾經做過春夢嗎？

☐ 是　　　　☐ 否　　　　☐ 我不知道

如果是，請敘述是什麼樣的夢境？

_____

_____

你曾經夢見以下內容嗎？

☐ **與陌生的異性發生性行為**：這種夢象徵著對於全新經驗的渴望、性向認同的探索或冒險與自由的需求。

☐ **與認識的人或朋友發生性行為**：這些夢境反映出受到對方值得欣賞的優點或與對方相關的某些自我層面所吸引。

☐ **與前任發生性行為**：這表示藕斷絲連的情感、將感情劃下句點的需求，或者對於生命中某個階段的懷念。

☐ **不尋常或是禁忌的性幻想**：這種夢是壓抑的欲望，或是性好奇的表現。

☐ **引誘或是被誘惑**：這象徵對於受到關注、認可或是感覺自己具有吸引力的渴望。

☐ **不舉或無能**：這些夢境反映了與性能力表現相關的恐懼，也可能反映出在其他領域上的無力感。

☐ **在不尋常的地方或是公共場所從事性行為**：這代表想要打破慣例、進行冒險，或是體驗更大的自由。

☐ **同性戀夢境**：對一個異性戀來說，這種夢境象徵接受自我，以及對於自身性格不同面向的好奇與探索。

☐ 多元愛或多重伴侶：這種夢境表示在感情體驗或是性體驗上渴望多樣性。

在你醒來之後，是否有仍然忘不掉、令你印象深刻的夢中畫面或想法？

☐ 是　　　　☐ 否　　　　☐ 我不知道

如果是，請描述：

_____

_____

這些夢後續在現實生活中是否有相應的發展或實現與否？

☐ 是　　　　☐ 否　　　　☐ 我不知道

是的話，請描述：

_____

_____

_____

清醒夢

　　清醒夢，又以「引導式可視化」這個名詞為人所知。這是一種透過想像某個場景，或回憶過往的經歷，來達到深層放鬆的技術。

　　透過這項練習，我們可以感受到某些情緒或情感的存在，或是找到某些關於自身的隱藏認知。進行這項練習時，忙碌的意識會專注於身體的感覺，或是某種感知元素。

我建議你現在就可以開始試著做做清醒夢,我會引導你進行練習。

　　首先,選擇一段特別幸福的童年回憶,大約介於 0 歲到 12 歲之間。在這段回憶中,你可以獨自做某件事,或想像身邊圍繞著親切的人。重要的是,你在那個當下是輕鬆自在的。

　　進行這項練習,你得找個安靜的地方,而且最好只有你單獨一人。將電話、門鈴或室內對講機調成靜音,以免被打擾而妨礙了夢境的進行。別忘了替自己蓋上一條披肩或毯子,讓自己有一種溫暖、被包覆的感覺。你越是專注而自在,這項練習就越能進入狀況。

寫下這段回憶發生的地點。你在哪個國家?哪座城市?哪間房子?

現在,請描述通往那個地方的路徑。如果那是你度假的地方,描述開車的路線;你會走哪些大馬路、小路,最後是通往那個地點的道路。如果那個地點是你家,描述如何走到那個充滿快樂回憶、讓你感覺自在的房間。

[鑰匙2]
我的夢境

請花點時間回想某些讓這個地點顯得如此特別、與眾不同的細節——可以是氣味、裝潢元素、聲音等。

_____

_____

_____

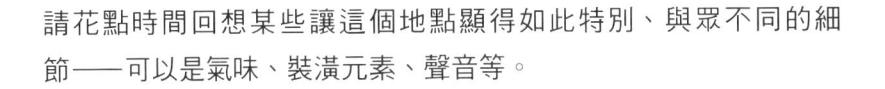

很好,我們成功了。現在,我建議你們專注地呼吸,腦海裡想著與這段獨特回憶相關的影像、聲音、氣味或味道,緩緩吸氣、吐氣,同時專注在感受與回憶之上。慢慢感受空氣進入你的鼻腔。如果你足夠專注,你應該會感到有一股氣流灌進鼻腔。

- 接著,慢慢感受那股清涼氣流往上竄進鼻腔,經過鼻竇,抵達喉嚨底部。
- 最後,將注意力集中於肺部,感受肺葉在吸氣時充飽空氣,以及在吐氣時排出空氣。

一般來說,當你將注意力集中在這些感受,就會進入一種放鬆狀態,你大腦中的意識會鬆懈下來,而我在本書一開始提到的秘密花園會慢慢打開大門,那正是探索潛意識的好時機。

所以,你得再次專注於那段幸福的童年時光,以及發生的地點。選擇一個可以讓你同時想起這段回憶與地點的顏色。接著,選擇一種聲音,再選擇一種氣味,之後是選擇一種味道。最後,選擇一種身體產生的感覺。

請在寫下能夠連結這段回憶與地點的顏色：

☐紅色　　　☐黑色　　　☐粉紅色　　　☐藍色
☐白色　　　☐棕色　　　☐綠色　　　　☐紫色
☐灰色　　　☐黃色　　　☐橘色
☐其他顏色：_____

請描述：

_____
_____
_____
_____

請描述能夠連結這段回憶與地點的聲音。

_____
_____
_____
_____

請描述能夠連結這段回憶與地點的氣味。

_____
_____
_____

〔鑰匙 2〕
我的夢境

請描述能夠連結這段回憶與地點的味道。

_____

_____

請描述能夠連結這段回憶與地點的身體感覺。

_____

_____

　　此時，有些人可能會感到輕微的暈眩，這完全正常，無需害怕。在這個階段，你應該清楚回想起了幸福的童年回憶。你的身體依然年輕而健壯，你的心依然純潔無瑕，你的靈魂輕盈……一切都很好，你重新變回了一個孩子，並擁有孩童的身體和心理特徵。多虧了心靈的魔法，你以某種方式讓時光倒流了。

　　現在，我希望你問這個幸福的孩子幾個問題。這可能會是這項練習中最困難的部分，因為此時需要的是想像，不再是回憶。在清醒夢中，付諸行動這件事是需要努力的，然而我相信，當你願意花時間進行，同時對自己有信心，就可以辦到。請平靜地呼吸，詢問這個孩子一些問題。有人說：「真實來自於孩童的口中。」那麼，這個孩子的答案會讓你豁然開朗。

「為什麼你的心情這麼好?」請寫下他的回答。

_____

_____

_____

「孩子,你在做什麼?」請寫下他的回答。

_____

_____

_____

「你知道我現在已經長大了。我希望你可以告訴我一些對我目前生活有幫助的事。你覺得我目前的生活過得如何?」把他的回答寫下來。如果他沒有回答,請給他一點時間思考,不用著急。

_____

_____

_____

「如果我想跟你一樣幸福,你會給我的生活或職業什麼樣的建議?」寫下他的回答。

_____

_____

_____

「關於陰影,你可以告訴我,我想隱藏卻不該隱藏的事情是什麼嗎?」寫下他的回答。

_____

_____

_____

「你還有事情想要告訴我嗎?」在向他道謝之前,寫下他的回答。

_____

_____

_____

　　如果得到的答案似乎不夠充分,那就靜靜地等待吧。當你有點空閒時間並且一人獨處時,花點時間回想這一幕場景。問一些新鮮的問題,別怕與自己溝通。你的生活將會因此而變得豐盛。與此同時,請繼續分析你的夢境──這些夢境都是現實生活的哈哈鏡。請把夢境當作一個嚮導,讓它們引導你通往未曾探索的方向。

記憶是個體性格的根基,
就像傳統是集體性格的基礎。
——米格爾・德・烏納穆諾
(Miguel De Unamuno,西班牙作家)

第 3 把鑰匙
我埋藏的記憶

從深藏的記憶中，
尋找對自我的認知。

想像你正在欣賞一齣音樂劇。你坐在表演廳的中央，面對著樂隊。此時，整間大廳沉浸在黑暗之中，接著開場樂響起，一名舞者突然出現，舞台上只有追光燈照著她。所謂的「追光燈」是一道圓形的特殊光線，不間斷地跟著舞台上的舞者移動。此刻，一切都淹沒在黑暗之中，包括舞台、大廳，以及所有不耐煩的觀眾，只除了被追光燈照著的那名舞者。

你所有注意力都集中在她的身上，她的身形與動作。除了她，一切都因為沒有光照而不復存在。你是那樣專注於她，以致於什麼都忘了，包括白天的煩惱、坐在身旁的友伴，以及其他觀眾。你唯一感興趣的——因為這種場景和氛圍，你只對一件事情真正有興趣，那就是這名舞者。

每個療程開始時，我總會要求患者講述自己的人生經歷，過程如同上述在表演廳上演的場面。當患者開始向我講述他們的故事，我放鬆自在地坐在扶手椅上，專注且迫不及待的聆聽。他們對我講述關於父母與祖父母的人生、自己的出生地、上了哪些學校、有些什麼經驗、做了什麼樣的工作等。

而我清楚意識到，這些個案其實有意識地選擇了要對我說的內容。延續上述隱喻，他們既是踩著舞步的舞者，也是在機房操控燈照隨著舞者移動的技師。他們在有意無意間選擇了揭露自己生活中的某些部分：人際關係、事件、經驗、克服的難關等。他將光線集中在生命中的某些面向時，也選擇了將其他面向留在陰影裡。

在我初出茅廬執業時，我只會專注於病人說了什麼，而現在的我，則會專注於他們沒說出口的是什麼。其實對我來說，他們

〔鑰匙3〕
我埋藏的記憶

沒有說出口的，就跟對我說出口的，同樣具有意義。因為他們選擇攤開來說的事情揭示了他們的光明面，也就是他們想讓別人看見的自己。而他們選擇閉口不談的，則突顯了他們的陰影——也就是那些他們覺得丟臉而寧可不說的事，也就是自認無趣或無聊的自己。

我告訴你這些事是有目的的。事實上，我想讓你意識到你的記憶是以什麼方式在運作。因為你的記憶就類似表演廳的那盞追光燈。記憶選擇按照你人生的某些層面發展，讓其餘的部分留在陰影裡。當你試著回想人生中的某些時期，你的記憶會受到潛意識影響，選擇只讓你憶起其中一部分。

換句話說，記憶會說謊，或起碼隱瞞某些事，所以有些記憶遭到了遺忘，例如某段關係、事件、經驗等。不過，那些遺忘的關係、事件與經驗並不一定帶有創傷或對你造成過傷害，它們甚至毫無存在過的痕跡，只因記憶認定它們毫無用處。

此外，記憶不僅是有選擇性的，還會扭曲變形。因此回憶會隨時間的流逝而改變。所以你只能有限度地信任記憶，畢竟它可能改造了真正發生過的事。記憶是一道複雜的程序，將現在和未來的關注焦點與過去的資源——即回憶——互相連結。比如說，一個創傷性的回憶如果成為某種意義的來源，可能會令一個人變得更堅強。

這就是所謂的心理韌性！

我建議你探索回憶以改善對自我的認知。當你探索留在陰影中的回憶，就能從中獲得正面的教誨，因為在這些已被遺忘的經驗中，隱藏著你的自我的完整部分，而這些部分可以推動你的思

考、讓你變得更具創意，還能對你未來的行動給出指引。所有這些你所隱藏或遺忘的自我面向，都能讓此時此刻的你變得更幸福。

家族記憶

家族記憶是一份由家族世世代代編織而成的珍貴作品，由每個家族的歷史、傳統、共享記憶與親密時刻所組成，而這些組成元素共同形成了獨特的家族認同。這些回憶通常透過家族聚會或具有情感價值的物件——例如照片、信件，甚至是食譜——傳遞下來。無論是什麼，這些東西都能讓家族成員了解到自己的根源，強化彼此的關係，並得以保存文化遺產與世系的傳承。

因此，家族記憶是連結過去、現在與未來的橋梁，在每個人自我認同的建構中扮演著關鍵的角色。

你最近曾發現過有關家族的秘密嗎？那個秘密可能與你父母、祖父母、曾祖父母等親人有關？

☐ 是　　　　　☐ 否　　　　　☐ 我不知道

你可以描述這些秘密嗎？這些秘密都是你家族保留在陰影中的事件。

_____

_____

_____

〔鑰匙 3〕
我埋藏的記憶

這些秘密為你看待家族的觀點,以及感情生活、實際生活、甚至精神生活,帶來了什麼樣的改變?

_____

_____

_____

你是否認為你的家族有過其他的秘密;是否還有許多從沒有人告訴過你,而你也無從得知的事件?

□是　　　　□否　　　　□我不知道

你有沒有懷疑過你的家族裡藏著什麼秘密?在你的想像中,這個家族可能發生了什麼樣的故事?

_____

_____

_____

你的母親對她的人生毫無隱瞞嗎?換句話說,你的母親是否能夠輕易說出她的情感、感受或經歷過的考驗?

□是　　　　□否　　　　□我不知道

如果是,她的敘述對你產生了什麼樣的影響?

_____

_____

_____

如果不是,面對不可能知曉的故事或分享,你有什麼感受?

_____

_____

你的父親對他的人生毫無隱瞞嗎?換句話說,你父親是否能輕鬆表達出他的情感、感受或經歷過的考驗?

☐ 是　　　　☐ 否　　　　☐ 我不知道

如果是,他的敘述對你產生了什麼影響?請描述。

_____

_____

如果不是,面對不可能知曉的故事或分享,你有什麼感受?

_____

_____

　　請選擇一個你祖先所經歷過的考驗。當然,你所選擇的故事可以只不過來自傳言或耳聞的內容。接下來,試著在情感上與這位祖先建立連結。基於同理心,你可以自在地與某位祖先接上線,就算對方已經過世許久也無妨。

〔鑰匙 3〕
我埋藏的記憶

嘗試想像當那位祖先在經歷那段考驗時有過什麼感受。試著體會他當時的想法。慢慢來，你可以閉上眼睛，讓你們的情感連結更深入一點。這是一項可以憑著你的期盼值來決定持續幾秒鐘或幾分鐘的練習。

而如果你的祖先成功克服了他的考驗，那麼，這項練習可能會讓你感到憤怒、哭泣、開心或者悲傷。不過，你內心的情感並不重要，重要的是去感受、體驗，並在情感與精神層面上與祖先緊密連結。

現在，描述你選擇的祖先是哪一位，他所經歷的考驗是什麼？

_____

_____

_____

黑盒子症候群

「黑盒子症候群」（The black box syndrome）指的是一種家族的互動關係；家族中的父母或祖父母對於自己的過往、經歷與情感保持難解的緘默態度。而這種敘述與分享的匱乏，會在家族孩童與成人的心中留下一個空洞。這種情況就等同於一場永遠不會開始的表演，整間表演廳沉浸在一片黑暗中，觀眾只能靠著想像力幻想出整齣表演的內容。

這種症候群可能有多種起因，通常根植於家族的先祖選擇隱瞞一段創傷性的故事，以保護後代免於受到傷害。有時，這種症候群源於某些信奉沉默是金的家族文化，認為情感與個人經驗的表達是不適宜或不必要之舉。父母沒有想過與孩子分享某些磨難；而即便

是孤兒,同樣也可能受到這種症候群的影響。

「黑盒子症候群」會對家庭關係造成影響。首先,這種症候群會產生一種疏離感與誤解。家族中最年輕的成員可能會感覺家族的過往事不關己、無法理解為何某些人在他們的教育中扮演了關鍵角色,而這也可能造成情感匱乏或缺少榜樣的問題。沒有經驗與故事分享,想從先人的成功或挑戰中汲取經驗或獲得認同,就不是件容易的事了。

你人生中第一段記憶是什麼?請描述。

_____

_____

_____

當你回想起這段記憶,有什麼感覺?

_____

_____

_____

是負面的感覺,還是正面的感覺?

☐ 負面　　　☐ 正面　　　☐ 兩者皆有　　　☐ 我不知道

你是否能將這段極為久遠的記憶與最近的生活經驗建立關連,而且在過程中感受到類似的感覺?

☐ 是　　　　　☐ 否　　　　　☐ 我不知道

〔鑰匙 3〕
我埋藏的記憶

文森，從瓦朗謝納到東京

以下例子可以給你一個方向。某天，一個名叫文森的個案在敘述他最初的記憶時，在某個記憶片段中告訴我：當時他約四、五歲，在夜晚的某座高塔上俯瞰一座城市（瓦朗謝納）。這座城市的面積極為廣大，空氣中充滿了神秘的光線，而從他所在的高度望下去，四周一片空空蕩蕩，令他感到害怕。

當他說完這段人生早期的經歷，我問他——今天我也會這麼問你們——是否可以將這段回憶與最近生活中某個回憶點建立起連結。於是，他告訴我，他前幾年去了日本的旅遊經歷。他在某個夜晚登上了日本的最高塔，也在那座塔上俯瞰了整座城市。當下他有了類似的體驗，不過這次偏向正面的感受。此後，他愛上凝視這片無垠的天地，而且不再感到害怕。他變成了一個成熟的成年人，並重新獲得了控制感，並充滿力量。

他俯視著城市，也掌控了自己的人生。

聽完上述例子，這項練習對你而言，會不會變得簡單點？如果你找到了一段最近的回憶，可以與曾經的久遠回憶互相連結，請描述這段近日的回憶。如果沒有也不要緊，直接回答下個問題。

_____
_____
_____
_____

你可以寫下對你而言重要的回憶嗎？請選擇最多五段從 0 到 18 歲的回憶。接著，盡可能詳述這五段回憶，特別是與這些回憶相關的顏色、聲音、氣息、味道與身體感覺。

_____

_____

_____

_____

我的第一段回憶：

_____

_____

_____

我的第二段回憶：

_____

_____

_____

我的第三段回憶：

_____

_____

_____

我的第四段回憶：

_____

_____

_____

我的第五段回憶：

_____

_____

_____

奠基的回憶

「奠基的回憶」（foundational memories）指的是人生中某個帶有深刻意義的決定性時刻，能夠指引且定義我們未來的人生道路，同時凝聚了我們的熱情、使命或信念，帶來時而巧妙、時而光彩奪目的啟示瞬間。

這些回憶的作用如同人生旅途上的燈塔，指引我們做出關於人生、事業或人際關係的選擇；這些機會可能會在重要事件或具有啟發性的相遇發生時出現，或在困境中浮現，促使我們重新審視自己的觀點，選擇一條全新的路線。

這些回憶深刻地印在記憶中，組成了我們個人的歷史架構，以不可磨滅的方式影響未來人生所做出的決定。它們是內心的指南針，幫助我們在廣闊的人生海洋中順利航行。

我將邀請你在目前人生的幾個領域（愛情、家庭、職業、友情與私密生活）中探索五段回憶，而這五段記憶能完全展現你看待事情的觀點，並說明你今日行為表現的方式。

麥迪與分離的陰影

一位名叫麥迪的個案告訴我，他十歲時因為父母的決定而移居國外，不得不與班上某個摯友道別。從那時起，他一直認為友情——或許包括所有人與人之間的關係——都注定有結束的一天。在數次諮商的過程中，他本可選擇一般人在提起友情時通常會凸顯的幸福回憶，但他卻往自己的陰影中尋找這段非常強烈且具有結構性的遺忘回憶。

請敘述一段有關家庭生活的回憶，這段回憶對於今日的你如何看待伴侶關係與愛情，具有關鍵性的影響力。請盡可能探索你的光明面與陰影面，去尋找那段回憶。

〔鑰匙 3〕
我埋藏的記憶

請敘述一段關於職場的回憶,這段回憶決定了你今日看待工作的態度。探索你的光明面與陰影,去尋找那段回憶。

_____

_____

_____

請敘述一段關於友情的回憶,而這段回憶決定了今日的你看待友情的觀點。探索你的光明面與陰影,去尋找那段回憶。

_____

_____

_____

你是否有過一段關於某件事或某次邂逅的回憶,而那段回憶深深改變了你的人生大方向?請敘述。

_____

_____

_____

你人生中是否有過某些失敗或失望的回憶,而那段回憶改變了你往後看待某類事物或整體人生的方式?

_____

_____

你的生命歷程中,是否擁有一段獲得成就或關於成功經驗的回憶,而那段回憶塑造了你往後對人生的自信感,或者是抱負?

你的人生中,因為某段經歷而學到最重要的教訓是什麼?請敘述。

隱藏或遺忘的回憶

就心理學而言,隱藏或遺忘的回憶象徵著意識中被排斥的部分。這些回憶經常與負面或充滿壓力的經驗息息相關。目前科學上對「遺忘」的機制尚未獲得完全的解釋,不過大多認為是一種精神防禦的機制,用來自我保護,不受情感痛苦所影響。這些回憶可能數年來、甚至數十年來都令人難以觸及,而且可能以意外的方式——有時透過特定的觸發點或某次的療程——被重新找回。

不過,這些回憶並非全都能夠重新找回,此外,還有部分回憶會遭到修改。因此,對於與這些遺忘的回憶相關的事件是否真實存在,應抱持謹慎的態度。

〔鑰匙 3〕
我埋藏的記憶

　　由於我們不見得能夠在記憶中重新取得回憶，因此我們要使用一些人造製品。這些東西外表平凡，卻能承載隱含的意義，而如果你排斥這些東西，或者對它們感到厭惡，或許這正是隱蔽記憶存在的跡象。

下列清單中，有沒有哪些件物品會讓你產生奇怪的感受，例如覺得反感，或是不愉快？可以複選。

1. 剪刀
2. 叉子
3. 牙刷
4. 手機
5. 鑰匙
6. 茶杯
7. 筆
8. 筆記本
9. 毛巾
10. 燈
11. 手錶
12. 錢包
13. 椅子
14. 枕頭
15. 電視遙控器
16. 眼鏡
17. 香皂
18. 洗髮精
19. 梳子
20. 雨傘
21. 手機充電器
22. 湯匙
23. 刀
24. 盤子
25. 玻璃杯
26. 地毯
27. 吹風機
28. 髮梳
29. 時鐘
30. 筆電
31. 海綿
32. 溫度計
33. 書本
34. 背包
35. 橡皮擦
36. 尺
37. 電熱水壺
38. 化妝包
39. 車子
40. 抹布
41. 垃圾桶
42. 衛生紙
43. 被子
44. 隨身碟
45. 耳機
46. 鏡子
47. 砧板
48. 筆筒
49. 日曆
50. 晾衣夾

是否有其他物品沒有列在上述清單裡,但會給你帶來強烈的負面感受?描述是哪些物品,以及你的感受為何。

_____
_____
_____

你是否經歷過一段高壓、痛苦或創傷性的回憶,跟上述物品有關?

☐ 有　　　　　☐ 無　　　　　☐ 我不知道

如果是,請描述:

_____
_____
_____

在過濾掉一些物件後,接下來我們可以利用地點。回憶經常與地點連結,因為地點很容易承載正面或負面的情感,具有喚醒回憶的能力。在利用這項能力的同時,我們可以重新拾得某些隱藏或遭到遺忘的回憶,並在探索回憶時汲取教訓。這或許能解釋為什麼你喜歡或不喜歡待在某些地方,即使你往往說不清喜歡或討厭那個地方,究竟有什麼意義。

以下列出的地點,是否有哪個地方會給你帶來強烈的感受,像是厭惡,或是不愉快?可以複選。

1. 圖書館　　　　2. 超市　　　　3. 公園

〔鑰匙 3〕
我埋藏的記憶

4. 海灘	20. 畫廊	36. 市政府
5. 山區	21. 植物園	37. 游泳池
6. 博物館	22. 購物中心	38. 遊樂園
7. 咖啡廳	23. 髮廊	39. 農場
8. 電影院	24. 車庫	40. 森林
9. 戲院	25. 加油站	41. 沙漠
10. 健身房	26. 銀行	42. 河流
11. 學校	27. 郵局	43. 湖泊
12. 大學	28. 藥局	44. 山巔
13. 醫院	29. 運動場	45. 谷地
14. 車站	30. 水族館	46. 冰川
15. 機場	31. 教堂	47. 火山
16. 餐廳	32. 寺廟	48. 峽谷
17. 辦公室	33. 清真寺	49. 極大型的城市
18. 飯店	34. 猶太會堂	50. 村莊
19. 動物園	35. 法院	

是否還有其他沒有列入清單的地點，會讓你產生強烈的負面感受？
請描述是哪些地方，以及你的感受為何。

_____

_____

_____

_____

你是否擁有過一段高壓、痛苦或是創傷性的回憶，與上述某個地點相關？

☐是　　　　　☐否　　　　　☐我不知道

如果是，請描述：

_____

_____

_____

　　在過濾一些地點之後，接下來可以利用食物。食物具有原始與滋養的本質，所以可能承載著強烈的正面或負面情感。食物經常是孩童與父母產生衝突的最初起因。另外，食物在本質上，也與個人或家族認同有關。舉例來說，社會背景、傳統或國籍不同，吃的食物也會不同。

以下清單中的食物，哪一些會讓你產生特別強烈的感受，像是厭惡？可以複選。

1. 蘋果
2. 香蕉
3. 柳橙
4. 梨子
5. 草莓
6. 葡萄
7. 鳳梨
8. 芒果
9. 櫻桃
10. 水蜜桃
11. 杏桃
12. 奇異果
13. 香瓜
14. 西瓜
15. 覆盆子
16. 藍莓
17. 檸檬
18. 青檸
19. 葡萄柚
20. 橘子
21. 百香果

〔鑰匙 3〕
我埋藏的記憶

22. 木瓜	32. 櫛瓜	42. 地瓜
23. 無花果	33. 茄子	43. 馬鈴薯
24. 李子	34. 萵苣	44. 櫻桃蘿蔔
25. 油桃	35. 甘藍	45. 酪梨
26. 胡蘿蔔	36. 花椰菜	46. 蘑菇
27. 青花菜	37. 蘆筍	47. 玉米
28. 菠菜	38. 四季豆	48. 芹菜
29. 番茄	39. 豌豆	49. 甜菜
30. 小黃瓜	40. 洋蔥	50. 南瓜
31. 甜椒	41. 蒜頭	

是否還有其他沒有列入清單的食物，會讓你產生強烈或負面感受？
請描述是哪些食物，以及你的感受為何。

_____

_____

_____

你是否背負著某段高壓、痛苦或創傷性回憶，與上述的某種食物有關？

☐ 是　　　　☐ 否　　　　☐ 我不知道

如果是，請描述：

_____

_____

85

陰影日記
MON SHADOW WORK JOURNAL

你是否有過某些無法重新回顧的童年經驗或回憶？請描述。
□是　　　　□否　　　　□我不知道

為什麼那些回憶令你覺得不堪回首？請說明。

你是否有過一些從來不曾與親朋好友提起的回憶？
□是　　　　□否　　　　□我不知道

如果有，請解釋原因。

你是否有令你感覺羞恥、或產生罪惡感的過往回憶？
□是　　　　□否　　　　□我不知道

如果有，請解釋原因。

你是怎麼原諒自己的？

_____

_____

_____

提防假回憶

所謂的「假回憶」，是指一些看似真實，卻與實際經歷不符、或大幅失真的印象。這些回憶可能會因為外部事件的暗示、不完美的重建、錯雜的回憶交融、媒體與文化的影響、壓力、創傷或想像，所以突然從腦海中冒了出來。

擁有假回憶的人，經常會相信那些假回憶極為可靠，就算其中的內容明顯與事實大相逕庭。這些回憶有時會導致嚴重的後果，特別是在法律或治療背景之下。

在個體化的發展過程中，與他人分享回憶很可能會讓你邁入一個全新的階段。在向某位親友敘述這些回憶的同時，你也可以打破沉默，這樣有助於彼此支持，並重新掌控自己的故事。這種療程——可以與專業人士一起進行——有助於你理解，並在情感上處理過往的創傷，讓創傷得以癒合。

我們總認為，
自己擁有欲望是無邪的，
而他人擁有欲望，則是醜惡的。
——普魯斯特（Marcel Proust，法國作家）

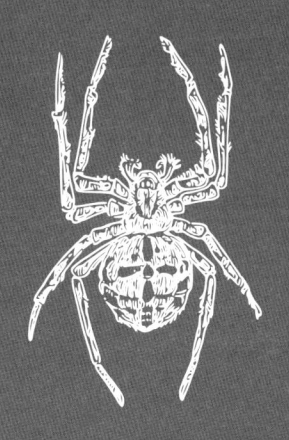

第 4 把鑰匙
我壓抑的欲望

辨識被壓抑的欲望,
擺脫沉重的罪惡感。

陰影日記
MON SHADOW WORK JOURNAL

請想像自己是一名生活在上個世紀的 25 歲年輕女子。確切時間是 1920 年。你感覺從某一段時間以來，肩上便扛著重擔。你仔細思考後發現，自從你興起那些奇怪的念頭之後，這種感覺就出現了⋯⋯你立即試著將那些縈繞不去的念頭驅趕出腦海。不行，不該想著這種事！出現這種欲望是不可以的⋯⋯畢竟你已經結婚五年了，不該有這種感覺。

你開始找尋擺脫負擔的方法，但你無法跟親朋好友傾訴這種事。他們可能會嘲笑你，也可能責難你。在這個時代，你也沒辦法尋求心理醫師的幫助；這個時代的心理學似乎剛處於起步階段。不過，你在報紙上讀到：有一位名叫佛洛伊德的奧地利醫師似乎很善於傾聽。只是，這實在不太恰當，怎麼能跟醫生談論自己赤裸裸的欲望呢？

事實上，你不需要去看心理醫師，因為在你所處的年代，有個地方可以輕易且免費地消解內心的罪惡感，那就是告解室。你立刻前往教堂，要求見神父，希望他聽你告解。你告訴了神父你所體驗到的事。聽你說完後，神父信誓旦旦地告訴你：「這是有罪的。」接著，他以上帝之名赦免了你。當你獲得了赦免，心中大石也跟著落了地。

告解施行的歷史相當悠久，而且似乎跟人類歷史一樣久。在一些文化中，例如古埃及文化，告解經常與葬禮儀式相關：在葬禮儀式中向神祇宣告死者的清白無罪，能夠確保死後擁有平靜的生活。在猶太教中，「贖罪日」是個人或集體告解的重要時刻，而告解則是靈魂淨化的重要過程。

新約聖經中，耶穌將寬恕的能力賜予門徒，也為基督教的告

〔鑰匙4〕
我壓抑的欲望

解奠定了現代的基礎。隨著世紀更迭，告解成為了一項聖事。原先是公開且集體的行為，到了中古世紀變成了一項私人且個人化的儀式。在伊斯蘭教，個人可以直接向真主懺悔，而且經常與Tawbah（懺悔；一個人主動放棄過往放縱的行為，以獲得憐憫、寬恕或恩典）相關。這是靈魂淨化與寬恕的核心概念。

如果告解儀式可以在宗教範疇內進行，那麼，在世俗範疇也是有效的。如同英國作家暨神學家吉爾伯特・基思・卻斯特頓（*Gilbert Keith Chesterton*）所言：「精神分析就是一種沒有獲得赦免的告解。」這正是我們接下來要做的，好讓你釋放內心的緊張感，不再為此受折磨。我們內心的壓力多半由意識與潛意識的衝突所引起，意識拒絕讓潛意識的欲望表現於外。

我們可以利用機會學習一件重要的事；一件讓自己能夠更好地應付衝動與深層欲望的事——我稱之為「給欲望蓋上幻想通行章」。不是所有欲望都能獲得滿足，因為社會上制定了不可或缺的規矩與法律，這是為了保護個人與社會而存在的東西。然而，所有欲望都能以幻想的形式變得可視化，能夠被感受到，或是體驗到。當然，幻想只要沒有付諸實行，就沒有罪。

所以，讓我們開始吧！為了對這項自我成長的工作做出妥善的計畫與安排，我建議可以利用「七宗原罪」作為切入點。這七宗罪的概念由來已久，卻從不過時——第一個版本於西元四世紀時由隱士埃瓦格里烏斯・龐帝古斯（Évagre le Pontique）所制定。人類為了抵抗某些試探所建立的道德界線，似乎就與他們想要抑制的欲望一樣古老。

需留意的是，我們的目標不是要強化這些道德屏障——心理

學家是不下評斷的。我們的目標是幫助你承認：那些遭到文化斷定有罪的行為，是確實存在的。透過承認自己出現這些行為，也就承認了自己道德層面的不完美，從而更能接納完整的自己。這樣的過程也會如你們所期待的那般，在不過度自我批評的狀態下取得進步。

傲慢

傲慢可以定義為過度的自尊、過度的自信與驕傲，而且經常導致蔑視他人與忽視他人優點的結果。具體而言，傲慢可能表現為沒有接受犯錯的能力，誇耀已經獲得的成就，或當自己陷入困難或困境中，卻無法聽取朋友、同事或家人深思熟慮後提供的建議。

你是否曾經出現以下行為？

☐ 拒絕承認錯誤
☐ 誇耀自己的成就
☐ 瞧不起別人
☐ 堅持穩固自己的地位或頭銜
☐ 抗拒改變或可能對你有用的建議
☐ 缺乏同情心
☐ 試圖主導對話或決策
☐ 對於他人的批評很敏感
☐ 不承認他人的貢獻
☐ 表現出優越感

〔鑰匙 4〕
我壓抑的欲望

☐ 經常尋求關注或認同
☐ 批評別人以抬高自己的身價
☐ 對於自己與他人有不切實際的期待
☐ 就算是面對反證,依舊表現得頑固與執拗

如果是,請描述你的行為:

___

你是否曾經阻止自己表現出上述傲慢行為?例如,你覺得自己在某個領域比他人優秀,但你刻意不讓自己表現出來或說出口,生怕別人認為你很傲慢。

☐ 是　　　　☐ 否　　　　☐ 我不知道

如果是,請描述事情發生的經過:

___

如果你允許自己表現得傲慢,你會說些什麼?現在,撤下心中的道德屏障,然後寫下你比他人優越的地方。我確信在潛意識最深處,無論道德感、職業、聰明才智或外貌等各方面,每個人都有自己比他人優越的想法。

我比其他人優越,因為我比較＿＿＿＿＿＿＿＿＿＿＿

我比其他人優越,因為我比較＿＿＿＿＿＿＿＿＿＿＿

我比其他人優越,因為我比較＿＿＿＿＿＿＿＿＿＿＿

我比其他人優越,因為我比較＿＿＿＿＿＿＿＿＿＿＿

我比其他人優越,因為我比較＿＿＿＿＿＿＿＿＿＿＿

權力意志

全能感與傲慢相關。權力意志(The Will to Power)是十九世紀德國哲學家尼采哲學思想的核心概念。這種概念經常詮釋為人類與所有生物對於彰顯自己的力量、拓展影響力與掌控身處環境的基本渴求。尼采認為,「權力意志」比與它同時代進化論主張的「生存意志」(The Will to Survive)更為基本,甚至比傳統的享樂主義所強調的追求快感還要基本。

〔鑰匙 4〕
我壓抑的欲望

從事某些活動（運動、工作、藝術、性愛等）時，是否會讓你有一種自己比普遍的男性或女性優秀的感受？

□是　　　　□否　　　　□我不知道

如果是，請描述是哪些活動：

_____

_____

_____

貪婪

　　貪婪是一種對於無法在物質財富上獲得滿足，或者是過度的欲望，並且不情願花費或分享財富。貪婪的特點是強烈的貪欲，以及對金錢和物質的過度依戀。一個經典的例子是英國作家狄更斯的小說《小器財神》（*A Christmas Carol*），書中的主角史古基（Ebenezer Scrooge）。故事一開始，狄更斯對於史古基性格的描寫就是極度吝嗇，他拒絕為了維持生活的舒適花錢，也瞧不起窮人。

你認為自己是個貪婪的人嗎？

□我很貪婪
□我是貪婪的
□我有時候貪婪
□我很少貪婪
□我幾乎不是一個貪婪的人

☐ 我不知道

請描述在哪一種情況，或哪一個人生時期，你會表現得貪婪？

_____

_____

在你的人生中，你覺得累積金錢與財產重不重要？
☐ 很重要
☐ 重要
☐ 不大重要
☐ 幾乎不重要
☐ 我不知道

你覺得自己慷慨嗎？
☐ 幾乎不
☐ 有時
☐ 偶爾
☐ 經常
☐ 很頻繁
☐ 我不知道

你覺得什麼樣的表現才叫慷慨？你付出過什麼？接受對象是誰？

_____

_____

〔鑰匙4〕
我壓抑的欲望

你上一次與人分享有價值的東西是什麼時候?在那個當下,你有什麼感覺?

_____

_____

_____

你鮮少、或從來不會給與別人的東西是什麼?

☐ **時間**:給出自己的時間幫助別人,無論是做志工、協助輔導,或者單純陪伴朋友或家人。

☐ **金錢**:捐錢給慈善機構、支持社區計畫,或是以金錢資助貧困的人。

☐ **知識與能力**:與有需要的人分享自己的知識、能力或是專業技能,像是透過免費輔導或是培訓的管道。

☐ **食物與物質**:將食物、衣服或其他生活必需品給予貧困的人。

☐ **傾聽與情感支持**:傾聽他人,在困難時刻給予支持與同情。

☐ **血液與器官**:捐血或是登記器官捐贈,以幫助需要醫療的人。

☐ **接待與款待**:讓朋友、家族成員、甚至是貧困的陌生人在自己家裡住下。

☐ **關注與照顧**:照顧他人,無論是老少病殘。

☐ **鼓勵與激勵**:當別人努力時或進行計畫時給予鼓勵;激勵他人追逐夢想與目標。

☐ **尊重與寬容**:尊重待人,主張寬容與接納,不在乎他人的信仰與出身。

在花了一大筆錢之後,你會不會容易產生罪惡感或焦慮感?
☐ 幾乎不
☐ 有時
☐ 偶爾
☐ 經常
☐ 很頻繁
☐ 我不知道

當你看見別人有需求或處於貧困的境地,你有什麼感覺?請描述。

_____

_____

_____

財產或是金錢的富足,會令你產生安全感嗎?
☐ 是　　　　☐ 否　　　　☐ 我不知道

如果你身上一毛錢也沒有,你會產生什麼感覺?你是否曾經有過這種體驗?

_____

_____

_____

[鑰匙 4]
我壓抑的欲望

色欲

色欲指的是過度發展或不受控制的性欲，通常被視為一種惡習，或某種形式的依賴。色欲的表現為對於性快感的持續關注，偶爾會對社會與道德規範或個人關係造成損害。

長時間持續地瀏覽色情網站，一再關係出軌，或沉迷於不同的性愛體驗，都是色欲的具體例子。

你有意隱藏或忽略的性愛欲望是什麼？請回想一個讓你產生欲望、但選擇壓抑的時刻。或許是因為你認為情境不合適，或許因為讓你產生欲望的對象不是你慣常往來的人？

_____

_____

_____

請回想初次的性欲與性經驗。你是幾歲開始產生性欲的？在什麼樣的環境？那次的性經驗是愉快，還是不愉快？

_____

_____

_____

這類型的經驗或欲望是否令你感到尷尬？
☐ 是　　　　　☐ 否　　　　　☐ 我不知道

如果是,請解釋原因。

___

如果不是,請解釋原因。

___

你的家庭環境與文化環境,是否造就了你對性愛的態度?

___

你能輕鬆地與父母談論你的性事嗎?
☐ 是　　　　☐ 否　　　　☐ 我不知道

請說明,你都是如何跟他們開口談論這個話題?

___

〔鑰匙 4〕
我壓抑的欲望

你認為父母對於「性」這件事的態度為何？請說明。

	你的母親	你的父親
開放與探索	☐	☐
謹慎與選擇性	☐	☐
衝突與壓抑	☐	☐
漠然與無性	☐	☐
親密與情感聯繫	☐	☐
剝削與強迫性	☐	☐
其他（請描述）	☐	☐

開放與探索：這類人思想開放，對性的態度接受度很高，而且樂於探索不同面向。他們好奇、渴望學習與體驗新事物。

謹慎與選擇性：這類人的性經驗較謹慎與具有選擇性。他們偏好深刻與長期的關係，傾向於避開危險行為與短暫的冒險。

衝突與壓抑：這類人進行性愛時內心會產生衝突感，這經常歸因於文化或宗教規範。這種態度可能意味著性壓抑、罪惡感，或是羞恥感。

漠然與無性：性在這些人的生命中無足輕重，甚至沒有也無妨。漠然的態度可能是因為對性與性吸引力缺乏興趣。

親密與情感聯繫：對這些人來說，性與親密的情感關係是緊密相連的。他們在進行性體驗前會先建立深厚的情感關係。

剝削與強迫性：這些人對性採取一種強迫性方法；而這種方法可能包含過度的性行為，或將性當作是行使權力或控制的手段。

今日的你,對於性的態度為何?
☐ 開放與探索
☐ 謹慎與選擇性
☐ 衝突與壓抑
☐ 漠然與無性
☐ 親密與情感聯繫
☐ 剝削與強迫性
☐ 其他(請描述)

你是否感覺你的性欲與道德倫理價值是互相衝突的?你都是怎麼處理這樣的矛盾?

在你的夢境或性幻想當中,最常出現的主題是什麼?你認為它們揭露了自己秘而不宣的欲望嗎?

〔鑰匙4〕
我壓抑的欲望

你能自由地表達性愛自主的態度嗎？還是受到了限制？關於性，你有沒有想進一步探索的層面？

_____

_____

_____

你是否有些恐懼，是與性相關的？
□是　　　　　　□否　　　　　　□我不知道

如果是，請描述是哪些：

_____

_____

_____

如果不是，請說明為什麼你沒有感覺到任何恐懼？

_____

_____

_____

在你的欲望或性行為中，有哪個部分的自己，是你難以接受的？

_____

_____

_____

你如何開始以健康的方式將那些被壓抑的性欲給內化？

嫉妒

　　嫉妒是對他人所擁有之物——無論是財富、成就、優點或人際關係——產生渴望或是覬覦的感覺。這種感覺包含了不滿，以及對他人所擁有之物的想望，同時伴隨著某種苦澀或怨恨的感受。

　　例如羨慕某個同事在工作上的成就；想享受某個名人的生活方式或財富；或嫉妒某個朋友的美滿家庭或幸福婚姻。

在什麼情況下，你最常出現羨慕或嫉妒的情緒？請描述。

你會因為他人的哪些特點或所擁有的東西，而感到羨慕或嫉妒嗎？

[鑰匙 4]
我壓抑的欲望

當你感到嫉妒或羨慕，你在身體或情感上會有什麼反應？在那些時刻，你是否傾向於貶低自己的價值，或是抱怨你的際遇沒有人家好？

嫉妒與羨慕的情緒，對你和他人的關係造成了什麼樣的影響？

在你的嫉妒和羨慕背後，隱藏著哪些未曾被滿足的需求或渴望？

當你必須處理嫉妒與羨慕這兩種情緒時，最健康的方法是？

貪食

貪食指的是對食物與飲料的過度渴望或過度享用,經常遠超出人體基本的需求,或單純的滿足感。

在不飢餓的狀態下衝動性地吃東西;經常暴飲暴食導致身體不舒服,或過於熱衷油膩或過甜的食物,都是貪食的例子。

你是否發生過貪食的狀況?

☐ 是　　　　☐ 否　　　　☐ 我不知道

如果是,通常是在什麼時候?特別是哪一種食物會引發你貪食的欲望?

_____

_____

_____

_____

哪一種情緒或情境,會引發你貪食的欲望?

_____

_____

_____

〔鑰匙 4〕
我壓抑的欲望

在你屈服於貪食的欲望時，心裡的感受為何？

_____

_____

你是否在某些時刻，無法控制內心的貪食欲望？
□是　　　　　□否　　　　　□我不知道

如果是，請描述。

_____

_____

你想用食物來滿足怎樣的需求或渴望？
□你只是餓了
□你營養不良
□你很累
□你有賀爾蒙失調的問題
□你需要安慰
□你需要減緩緊張與焦慮
□貪食是你的習慣
□你需要快樂的感覺，以及好好地犒賞自己
□可以安撫你的情緒
□讓你回想起某人或是某些愉快的回憶

☐ 吃，是與他人見面社交的機會
☐ 其他（請描述）：_____

_____

_____

還有哪些與食物無關的活動，可以讓你感受到快樂？

_____

_____

你是否有與食物相關的童年回憶？而它影響了今天的你對待食物的態度？

_____

_____

你如何將自己的貪食衝動控制得更好一些？

_____

_____

你真的想要好好控制這種欲望嗎？
☐ 是　　　　　☐ 否　　　　　☐ 我不知道

如果是，為什麼？

_____

_____

_____

如果不是，為什麼？

_____

_____

_____

憤怒

　　憤怒是指一種強烈且經常具有破壞性的挫折與敵意，可能導致怨恨、報復的行為，或出現失當的攻擊性。

　　一個具體的例子是：當孩子不小心打破了杯子或玻璃，或是玩耍吵鬧得太大聲，家長便以此為藉口對孩子大發雷霆，甚至發飆、處罰他們。

通常是什麼人或在什麼狀況下，會引發你的憤怒？

_____

_____

_____

當你憤怒時，會出現什麼樣的身體反應？

當你感覺到憤怒，心裡會出現什麼想法？

你如何表達憤怒？

你感受與表達憤怒的方式，受到過往的哪些經驗所影響？

你的憤怒對你與他人的關係，造成了什麼樣的影響？

〔鑰匙4〕
我壓抑的欲望

憤怒是如何影響你整體的幸福感?請描述。

為了以更好的方式排解憤怒,你有什麼方法?

懶惰

懶惰的表現為缺乏動力與努力,會出現消極不作為或拖延的傾向,就算面對必要或重要的任務。舉個生活中的常見例子:比起閱讀一本書或上課、學習等從事能讓人生進步的活動,我們寧可滑手機瀏覽社交媒體來打發時間。

你在什麼情況下,會表現得懶惰?

111

陰影日記
MON SHADOW WORK JOURNAL

在一天當中的哪個時候、或在什麼樣的情況下,最讓你感到懶惰?

你經常有意拖延或逃避的任務／活動是什麼?

當你選擇拖延或是不作為某件事情的之前、當下與之後,心裡各有些什麼感覺?

你覺得懶惰的習性,如何影響了你的工作、學業或個人關係?

[鑰匙 4]
我壓抑的欲望

是否有特殊的因素,例如緊張、害怕失敗或缺乏動力等,才會令你變得懶惰?

_____

_____

為什麼你會有做事高效率的時刻,也有懶惰的時刻,區分兩者的原因是什麼?

_____

_____

你曾因為懶惰而遭遇了什麼樣的負面後果?

_____

_____

你嘗試過什麼樣的策略來克服自己的懶惰嗎?

_____

_____

你的懶惰曾經阻礙你達成什麼樣的短期或長期的目標?

_____
_____
_____

你希望自己的習慣能產生哪些型態的改變,以減少懶惰的傾向?

_____
_____
_____

描述一個你理想中的「我」。也就是說,如果一切順利,你想成為的那種人。請描述你的性格。

_____
_____
_____

請在此描述你所壓抑的「我」,也就是你特別不想成為的那種人。

_____
_____
_____

如果不會受到來自外在的懲罰、而且沒有任何良知阻撓,此時此刻,你會做些什麼?

_____

_____

_____

如果你不在意別人的眼光和批判,你會做些什麼:

在職場上:_____

在愛情上:_____

在家庭上:_____

在友情上:_____

如果你不擔心或畏懼當事人的反應、評論或可能造成的後果,你會對以下的對象說些什麼:

你的父親:_____

你的母親:_____

陰影日記
MON SHADOW WORK JOURNAL

你的兄弟：_____

你的姊妹：_____

你的老闆：_____

你的同事：_____

你的伴侶：_____

你的小孩：_____

如果你是這個世界的主宰，你會對其他的人類做出什麼樣的決策，並且強制執行？

_____

_____

魔鬼開了哪些條件，你願意將靈魂賣給牠？
☐ 變成大富翁
☐ 青春永駐

〔鑰匙4〕
我壓抑的欲望

☐ 變得所向無敵
☐ 擁有無限知識
☐ 得到某個人的愛
☐ 廣大的知名度
☐ 成為跨國公司總裁或總統
☐ 擁有卓越藝術家的才能
☐ 變成天才
☐ 可以對所有傷害過你的人立即展開報復
☐ 獲得超能力（請描述是哪些超能力）：＿＿＿＿＿＿＿＿
＿＿＿＿＿＿＿＿＿＿＿＿＿＿＿＿＿＿＿＿＿＿＿＿＿＿

☐ 其他（請描述）：＿＿＿＿＿＿＿＿＿＿＿＿＿＿＿＿
＿＿＿＿＿＿＿＿＿＿＿＿＿＿＿＿＿＿＿＿＿＿＿＿＿＿
＿＿＿＿＿＿＿＿＿＿＿＿＿＿＿＿＿＿＿＿＿＿＿＿＿＿
＿＿＿＿＿＿＿＿＿＿＿＿＿＿＿＿＿＿＿＿＿＿＿＿＿＿

　　現在你已經坦承了內心的想法，因此得以與這些「人性原罪」發展出較健康的關係。未來，你將重新面對傲慢、貪婪、淫欲、嫉妒、貪食、憤怒與懶惰這些欲望，由你來判斷這些行為的合理性——而有些時候，這些行為正是讓你的陰影與光明面維持平衡的必要之物。

　　真正的轉變與其說存在於定罪，更不如說是理解與接納。

我們最深的恐懼,並不是我們不夠好。
我們最深的恐懼是,
我們的力量超越了所有的界限。
是我們的光,而不是我們的陰影,
最讓我們感到害怕。

──瑪麗安娜・威廉森
(Marianne Williamson,美國作家)

第 5 把鑰匙
佛洛伊德式錯誤

揭開佛洛伊德式錯誤的面紗,
不再錯過生命之約。

以下是薇珍妮的故事。她是一名熱情、果敢的年輕女性。為了通過法國最困難也最具權威的考試——教師會考——她花了數個月時間做準備。薇珍妮在學校的老師喚起了她對學習與探索的熱愛，在他們的啟發下，薇珍妮也夢想成為一名教師。她決心不顧一切讓夢想得以實現。

薇珍妮每日早起用功，在書本、筆記與寫滿重點的便條紙的圍繞下，成天在房內苦讀。她的桌上堆滿了文件與一杯杯喝了一半的咖啡，牆面用圖釘釘滿了小抄摘錄的重點、複習時間表或資料圖卡。同時，為了考試，她犧牲掉所有娛樂、出門購物、甚至睡眠的時間。

她的家人與朋友堅定地支持著她，只是她對自己的期待沉甸甸地壓在肩頭。她擔心實力不夠，讓那些相信她會考上的人失望。她非常害怕失敗，而這股壓力雖然是動力，卻也經常讓她感到焦慮。她不斷與懷疑和疲倦感抗爭，每當這些時刻，她就會設想自己名落孫山的心情，而她最少夢過兩次自己在考試當天手足無措的模樣。

考試那天終於到來。前晚薇珍妮唸書到深夜，她將所有筆記複習最後一次，將重點深深牢記腦海，確保自己應該榜上有名。她筋疲力盡但心意堅定地入睡，同時不斷告訴自己，她已經準備好了，而且盡了全力。不過，她還是忍不住擔心自己努力不夠。所幸才剛躺下，她便沉沉入睡。

隔天太陽升起、鳥兒也啁啾鳴唱之時，薇珍妮卻沒有醒。她信誓旦旦表示自己調好了鬧鐘，事實上並沒有。當她終於睜開眼睛，心跳急促地看向鬧鐘，驚恐地發現她起得太遲，已經錯過了

〔鑰匙 5〕
佛洛伊德式錯誤

考試時間！就算立刻趕到試場也來不及了。偏偏這類考試沒有補考或第二次機會。

薇珍妮到底怎麼了？

其實，薇珍妮無意識地實踐了所謂的「佛洛伊德式錯誤」。精神分析學家佛洛伊德經常遇到某些忘記約會的人。這些忘記並非偶然，而是依循潛意識中秘而不宣的意願。「佛洛伊德式錯誤」可能由某種潛意識的恐懼所導致，或者是受到某種相反欲望的影響，比方說，當事人的意識想要行動，但潛意識卻基於大多當事人毫無察覺的原因而拒絕行動。

你在生活當中是否曾忘記去做某些事，結果對你的人生造成了重大的影響？

□是　　　　□否　　　　□我不知道

如果是，請描述。

_____

_____

_____

你是否曾經拖延成性，也就是將某些應該做的事無止盡的延遲下去？而這件事跟你的日常生活或職業生活有關。

□是　　　　□否　　　　□我不知道

如果是,你能否明白指出自己總是拖延的是哪些事?例如,與某人的約會?找工作?與主管敲定時間談加薪等。

_____

_____

_____

你認為自己老是拖延這些事情的原因為何?

_____

_____

_____

在你的人生中,是否曾經因為害怕改變、害怕失敗或意外、害怕他人的評價,所以推辭掉某些工作或機會?

☐ 是　　　　☐ 否　　　　☐ 我不知道

如果是,請描述:

_____

_____

_____

在你的人生中,是否曾因害怕親密、害怕承諾或害怕被拒絕,所以有意無意地破壞了重要的人際關係?

☐ 是　　　　☐ 否　　　　☐ 我不知道

如果是，可以多說一點嗎？

___

___

___

你是否做過一些具有破壞性的行為，結果毀了自己的幸福，例如濫用精神藥物，或忽視自己的身心健康？

□是　　　　　□否　　　　　□我不知道

如果是，可以多說一點嗎？

___

___

___

你是否曾經做出違背自身利益、侵害自己長期目標的衝動性選擇？

□是　　　　　□否　　　　　□我不知道

如果是，可以多說一點嗎？

___

___

___

___

___

你是否曾經為了逃避面對最深層的問題，因此特意製造一些沒有必要的衝突，或者讓衝突因此加劇？

☐ 是　　　　　☐ 否　　　　　☐ 我不知道

如果是，可以多說一點嗎？

_____

_____

_____

_____

自我破壞的行為

　　所謂「潛意識的自我破壞行為」，是指一個人的某些行為或思維模式，經常在無意之間損害了自己追求的目標、成就或幸福。這些行為可能會有不同的型態，也通常根植於某些限制性的信念、恐懼，或未解決的內在衝突。

你是否在過往的愛情關係中，做過至今令你後悔不已的決定？

_____

_____

_____

〔鑰匙 5〕
佛洛伊德式錯誤

在與另一半的對話或爭執中,你是否曾脫口而出某些衝動下的字眼,如今很想收回?

___

你是否在伴侶關係中採取過什麼激烈或衝動的作為,但如今很想修正?

___

你是否曾經為了某些沒有抓住的工作機會而懊悔不已?

___

你是否曾在某些時刻想起自己對某個同事的所作所為,是不公平或不適宜的?

___

你是否後悔沒有好好珍惜或把握家人團聚的時刻？

你是否有某些遺憾或後悔，來自於和家族成員的互動或溝通不良？

如果你能改變過去在家庭中所做的某個決定，那會是什麼事情？為什麼？

你是否有過遺憾失去的友誼？是什麼原因導致你失去了這段友誼？

〔鑰匙5〕
佛洛伊德式錯誤

你是否曾對朋友做出或說出某些話語,至今令你後悔不已?

_____

_____

你是否認為自己曾經在朋友需要援手時,錯過了支持或協助對方的機會?

_____

_____

在你的人際交友關係中,你是否因為自己的某些反應或行為,而對自己感到失望?

_____

_____

如果有機會回到過去,你會想用不同方式處理與哪個朋友的哪種情境?

_____

_____

「後悔」與「悔恨」的不同之處為何？

「後悔」（regret）與「悔恨」（remorse）是兩種經常混淆的感受，其實兩者大有不同。

「後悔」是希望事情能有不同的發展。後悔傾向於針對某些錯過的選擇或行動，例如沒有把握住一個好的工作機會，從而產生的情緒。此外，後悔往往與意識到另一個抉擇可能帶來更好的結果有關，這是一種對事情本來會有不同發展的反思。當我們沒有採取行動——好比說，不敢向某人坦承愛意——我們就會感受到後悔。

「悔恨」則較為深沉，並與某個行為後果所導致的內疚與羞恥感有關。當一個人意識到自己的行為對自身或他人造成了負面的影響，就會感到悔恨。這種意識往往伴隨著情感上的痛苦。例如，鼓起勇氣向某人表白，結果發現對方已經與我們最要好的朋友在一起了。這時，我們會感受到悔恨。

總結來說，「後悔」主要集中在錯過的機會與和某個因為行動中止而未能實現的成果上；而「悔恨」，則是對於已經實現的行動感到內疚，就如同愛爾蘭詩人暨作家王爾德所言：「我寧願悔恨，也不要後悔。」王爾德鼓勵我們應該積極去滿足自己的欲望，一旦付諸行動，就算犯了錯，也總比放棄欲望、而後怪罪自己沒有行動來得好。

你能否回想起近期內所做的某個決定，而你對於那個決定有一股強烈的直覺？當時，你是否順從直覺行事？

_____

_____

_____

〔鑰匙 5〕
佛洛伊德式錯誤

你是否曾經為了沒有聽從直覺行事而後悔？可以舉出一個具體事件嗎？

_____

_____

_____

你通常如何做決定？會與親朋好友討論，還是求教於專家？會衡量利弊，還是跟隨內心的聲音？請描述。

_____

_____

_____

你在做任何決定時，會將這件事一開始給你的印象與感受，一併考量在內嗎？

_____

_____

_____

在什麼情況下，你能自在地順從自己的直覺行事？

_____

_____

_____

陰影日記
MON SHADOW WORK JOURNAL

你是否有跟隨直覺行事，而因此獲得好處的例子？

_____

_____

_____

你是否有跟隨直覺行事，卻因此發生不順利、覺得倒楣的例子？

_____

_____

_____

在做決定的過程中，你如何讓理性的分析與跟從直覺行事，達成平衡？

_____

_____

_____

你是否曾經覺得，做一件事時，是要聽從直覺的建議，還是遵循邏輯分析的指示，往往互有衝突？

_____

_____

_____

1-10 分，你為自己對直覺的信任度打幾分？_____ /10

〔鑰匙 5〕
佛洛伊德式錯誤

你認為自己的直覺通常與你的價值觀和長期目標一致嗎？
☐ 是　　　　　☐ 否　　　　　☐ 我不知道

如果是，你可以進一步敘述嗎？
_____
_____
_____

如果不是，你可以說明原因嗎？
_____
_____
_____

你的直覺是如何與你的人生經驗一同改變的？
_____
_____
_____

你認為未來可以將直覺更進一步地融入決策過程嗎？
_____
_____
_____

直覺

在心理學範疇，直覺經常被定義為：無需經過有意識的推理過程，就立即理解或知曉某件事情的能力。

直覺是一種「內在知識」。它往往能夠快速地展現，同時提供即時的答案或理解，毫不費力地自行運作起來。過往的經驗、學習與潛意識的欲望都是直覺的養分，直覺在運作過程中融合了情感層面的元素，因此，它經常知曉什麼對人才是好的。

要避免感到後悔或悔恨，並讓自己的行動方式符合內心深處的真正想法，最佳的方式之一，就是學習聽任直覺。在聽從這個「內心的微小聲音」的當下，你也開始學習著讓自己所做的決定能夠含納你的情感、欲望與隱藏的願望。事實上，你的直覺試著要照顧你、保護你，就算在當下你無法立即明白這個建議的本質是什麼。

這些問題的答案將讓你突破自我破壞的枷鎖。請成為自己的盟友：你值得探索所有生命中呈現給你的可能性，不要妄加評斷自己，也不要為自己設限。

請重新讀過你的答案，花一點時間好好辨識你的自我破壞框架。接著，再思考從此刻開始，你除了可以採取策略來修補或鞏固你跟自己的關係，還應該做些什麼決定，以達成自己的個人目標。

請溫柔地善待自己，你比你想像的還要有能力！

要讓一個人成長，
就是在他心中孕育出未來的視角，
依據這些視角，將能拼湊出快樂的願景。
——安東・馬卡連柯
（Anton Makarenko，前蘇聯著名教育家）

第 6 把鑰匙
我的本能衝動

意識到生命中的驅力,
緩解內在壓力。

夜晚時分,數以千計的蟲子抗拒不了光線的誘惑,繞著路燈旋轉飛舞。在光線照亮之處,並沒有東西可以滿足這些蟲子的需求,但牠們就是忍不住聚集而來。從心理學的觀點,這是一種強迫行為,因為牠們是無法克制地做出這種行為。而人類也會出現同樣的行為,只不過人類抗拒不了的,是陰影的誘惑……

就潛意識而言,陰影面比光明面還要吸引人。

與一般的觀念相反,人類並不會本能地為善念所吸引。如果你對數千人進行調查,詢問他們在人生中追尋的是什麼,可能有百分之九十九的人會回答:「當然是幸福!」不過,如果你仔細檢視,你會發現實際上每個人都在生活中做出許多導致自身不幸的行為。

當意識說了某件事,潛意識就會反其道而行!

幸福是一種持久的喜悅狀態,然而,人類追尋的並不只是喜悅。在所有的人類情感中,有些種類的情感對人類更具有吸引力──我指的是憤怒、悲傷、厭惡,或恐懼。這四種原生的負面情感與所有由它們衍生而來的感受(怨恨、嫉妒、失望等),對心靈與精神層面都有著無可抗拒的吸引力。

人類喜歡感受憤怒、悲傷、厭惡,或恐懼。

現在,讓我們探索潛伏在內心的「暗黑衝動」。別擔心,每個階段我都會陪著你逐步前進。重點在於,以超然而同理的態度探索這些想法與行為,讓你能在毫無罪惡感的情況下,意識到自己的真實狀況。可想而知,如果一味只探求內在的光明,會讓我們看不見自我潛意識的那個部分。現在,就讓我們開始吧!

尤金妮與壞男孩

　　尤金妮是個剛滿十九歲的年輕女孩。她來找我諮商時，才剛和一個男生結束了一段複雜的感情。那個男孩與她的閨蜜一起背叛了她⋯⋯不過，就算那個男孩沒有粗暴地對待她，也時常擺出一副瞧不起她的模樣。

　　我聽她述說這段經歷，問她在此前是否談過戀愛。她坦承談過多次戀愛，但情節都大同小異。某次派對上，她邂逅了一個男孩，幾乎對他的魅力毫無招架之力。那個男孩無論是外型或性格，都如初次見面給人的印象；他偏好非主流的叛逆穿搭，性格衝動，喜歡從事冒險行為（打架、吸毒或駕駛大排氣量的車子高速狂飆）。她最終用稚氣的聲音承認，自己似乎只愛壞男孩。

　　吸引尤金妮的男孩都有以下特點：佔有欲強、叛逆、獨立與冷漠⋯⋯尤金妮心目中的理想型與實際交往人選可謂完全不一致。她宣稱希望能跟溫柔、專一、願意聽她說話、愛她並尊重她的男生交往。也就是說，尤金妮要的是一段令她充滿喜悅的安穩關係，但實際上，她只會被完全相反類型的男孩所吸引。

　　尤金妮的敘述表達出了她的光明面，但她的行為卻反映出她的陰影。她潛意識想體驗刺激的冒險，希望人生有點新鮮事發生，也認為平凡人生簡直無聊到爆！而一段由背叛與爭執所點綴、互相撕破臉又轉頭和好的戀情，相比之下的確刺激有趣多了。恐懼、憤怒、悲傷與厭惡，令她有一種真正活著的感覺。

暗黑的衝動與清白的衝動

人類往往為衝動所驅使。

以隱喻角度來看,這方面給人的動力就像火山一樣。在火山的上方,只看得到冒著白煙的裊裊熱氣,而火山口卻充滿了來自炙熱地核、與地球同生的岩漿與熔岩。衝動也是一股源於本能的原始能量。衝動是思想與行為之源,因為衝動賦予了思想與行為以生命。

一旦衝動找到了滿足的對象,就會轉化成欲望,所以可以說,衝動為欲望提供了動力。欲望只是一種讓衝動擁有形式的東西,從某種意義上來說,欲望正是一種有具體目標的衝動。你得意識到一件事:你所有的欲望,都與某些在你心中有如原始岩漿沸騰的衝動有關。同時,唯有意識到這點,你才能讓衝動從潛意識中浮現。

對佛洛伊德來說,基本衝動分為兩種:死亡衝動與生存衝動(也就是死亡驅力〔Death Drive〕與生存驅力〔Life Drive〕)。「死亡衝動」代表的是人類對毀滅的基本吸引力,是一種非存在的意志,是對於虛無的渴望,也是一種「解離」的意志。具體而言,「死亡衝動」藉由傷害自我或他人,讓某個事物消失或結束的欲望而表現出來。可以說,「死亡衝動」是對於生命終結的渴望!

「生存衝動」則表現出對於活著與建設的意志,以及發展自身與他人之福祉的意願。這是一種「連結」的意志,意即創造人與事物、人與人之間的連結。具體而言,生存衝動表現在不同的欲望層面,例如開創或維持跟他人的關係、創造(如藝術)、生產(如工作),或賦予生命(如性愛)。

事實上,「死亡衝動」與「生存衝動」涵蓋了許多並不那麼極端的面向。我們要記住,佛洛伊德是活在一個因為戰事眾多以及醫藥進步有限,而導致死亡無所不在的年代。為了符合現代生活的挑戰,我傾向改稱兩者為「暗黑衝動」與「潔白衝動」,如此更能界定衝動的真實性與多樣性。

〔鑰匙6〕
我的本能衝動

你是否曾被關於世界局勢的負面訊息所吸引?如果是,勾選以下會吸引你關注的主題。

☐經濟危機
☐戰爭
☐天災
☐政治醜聞
☐犯罪
☐環境問題
☐意外
☐短缺危機(食物、能源等等)
☐社會衝突(罷工、抗議等等)
☐地方經濟問題(失業率、倒閉等等)
☐名人過世
☐貧窮與社會不公
☐公共衛生問題(年輕世代體重過重、成癮等等)
☐其他(請描述):_____

你知道這些訊息之後,會產生什麼感覺?答案可複選。

☐喜悅
☐生氣
☐悲傷
☐厭惡
☐迫不及待
☐期待*

☐ 有信心
☐ 驚訝
☐ 害怕

*期待如果搭配恐懼，就會造成焦慮。

詳細描述內心五味雜陳的情緒。因為感受是許多種情緒的綜合體，面對一個事件，只出現一種情緒，是很罕見的現象。

當你感受到這些情緒，是否會產生某種形式的興奮或刺激感？
☐ 是　　　　☐ 否　　　　☐ 我不知道

你是否會透過報章雜誌、24小時新聞媒體或是互聯網，刻意去接觸這些訊息？
☐ 是　　　　☐ 否　　　　☐ 我不知道

如果是，你認為自己接觸這些訊息，是因為對日常生活有所幫助（例如工作所需），還是它們讓你可以感受到某些負面情緒，帶來一點心理刺激？請花點時間思考這個複雜的問題。

〔鑰匙6〕
我的本能衝動

你會和身邊的人分享這些資訊嗎?
☐是　　　　　☐否　　　　　☐我不知道

如果是,你所分享的對象是(同事、朋友、另一半、自己的孩子等)?

_____

_____

_____

關於社交媒體的最後一個問題:你瀏覽過社交媒體嗎?
☐是　　　　　☐否　　　　　☐我不知道

在FB、IG或TikTok(抖音)的演算法運作下,主要會推薦什麼樣的影片或內容給你?

☐ **暴力**:鬥毆、一群人起了衝突或對峙的場面。

☐ **意外**:道路事故或墜落等災難場面。

☐ **政治**:對政府的批評,或披露政府措施背後的目的。

☐ **時尚與美妝**:穿搭與化妝建議。

☐ **舞蹈與音樂**:跳舞或演奏樂器。

☐ **陰謀論**:有人提醒你被騙了。

☐ **幽默**:喜劇或戲劇片段。

☐ **暗黑心理學**:解釋如何操縱別人。

☐ **運動**:某些人達成了體育成就。

☐ 文化：批評書籍、電影、戲劇表演等。
☐ 旅遊：探索旅遊地點。
☐ 健身與健康：說明如何改善體態。
☐ 金融：說明如何投資理財。
☐ 可愛動物：可愛動物或搞笑行為的影片。
☐ 宗教：宣揚或解釋如何實踐宗教信仰的影片。
☐ 其他（請描述）：_____

_____

演算法如何揭示我們內心的陰影？

　　社交媒體的演算法善於彰顯我們所隱藏的欲望，可說是揭示內心陰影的絕佳工具。它以我們內心的陰影來滋養自身，以獲取我們的注意力。在娛樂包裝的外表下，社交媒體的演算法展示了令我們感到害怕、生氣、厭惡或沉浸在悲傷裡的事物。問題是，我們在社群媒體觀看的那些影片，並不提供讓人自我提升的方法，而讓我們困在一種被動的情緒裡。就如同陰影的攬鏡自照。

瀏覽社群媒體好一段時間之後，你會產生什麼感覺？請描述你的心理狀態。

☐ 心情確實比之前好多了。
☐ 心情稍微有好一點。
☐ 心情沒有較好，也沒有較差。
☐ 心情沒有之前那麼好。

☐ 心情比之前差多了。

依據內心的情緒反應,你認為自己應該:
☐ 多花一點時間在社交媒體上。
☐ 花一樣的時間在社交媒體上。
☐ 減少上社交媒體的時間。

　　透過媒體接觸負面訊息的機制,同樣也在我們的人際關係中運作。儘管很多人會否認,但我們確實傾向於透過傳言,特別是八卦,來探取周遭人身上的負面訊息。接下來,我們要探索這種傾向,以理解這種傾向在你身上的表露方式。

日常生活中,你是否會被認識的人身上的負面消息所吸引?這些訊息可能與你同事、上司、朋友、家庭成員或你的另一半有關。

☐ 是　　　　　☐ 否　　　　　☐ 我不知道

你能否描述發生在親朋好友身上、而你會感興趣的負面訊息?寫下你最近與某人分享關於自己親友的哪些負面訊息。

_____

_____

_____

你是否曾在得知某個親友的負面消息後,覺得開心或感到某種樂趣?請花點時間思考這個問題。

☐ 是　　　　　☐ 否　　　　　☐ 我不知道

如果是,請寫下那是個什麼樣的消息。

_____

_____

你是否曾藉由八卦或閒聊,透露出關於親朋好友的負面消息,並因此產生某種興奮感或刺激感?

☐ 是　　　　☐ 否　　　　☐ 我不知道

你是否樂於接觸這些負面訊息?換句話說,你喜歡聽人說閒話或八卦嗎?

☐ 是　　　　☐ 否　　　　☐ 我不知道

蘇格拉底的篩子

有一天,一個男人走向蘇格拉底,想與蘇格拉底分享某個朋友的故事。哲學家在那男人開口前,要求他先將故事用三個過濾器,好好地過濾一次。

一、事實的過濾器:蘇格拉底問那男人,這個故事是真實的嗎?在散播出去之前,是否先確認過事實?

二、善意的過濾器:蘇格拉底接著問,故事的內容是否正面?因為,他對朋友的負面消息完全不感興趣。

三、用途的過濾器:最後蘇格拉底問,這個故事對他(蘇格拉底本人)來說有沒有用處?因為他只想聽對自己有用的事。

蘇格拉底歸納出的結論就是:如果這個故事既不真實、不帶善意又毫無用處,就沒有理由到處說給人聽。

〔鑰匙 6〕
我的本能衝動

你是否曾經渴望去破壞某樣東西,例如某一件物品?
□是　　　　　□否　　　　　　□我不知道

如果是,你是否真的想要破壞那件物品?
□是　　　　　□否　　　　　　□我不知道

如果是,請描述當時的狀況。
_____
_____
_____

你是否曾經很想傷害誰?
□是　　　　　□否　　　　　　□我不知道

你是否真的付諸行動去攻擊了對方?
□是　　　　　□否　　　　　　□我不知道

如果是,當你那麼做時,心裡有什麼感受?請敘述。
_____
_____
_____

你現在後悔那樣做嗎?
□是　　　　　□否　　　　　　□我不知道

你是否能意識到，被破壞欲望所驅使的那部分自己（也就是「暗黑衝動」）的存在？

☐ 是　　　　　☐ 否　　　　　☐ 我不知道

你能夠接受那部分的自己嗎？

☐ 是　　　　　☐ 否　　　　　☐ 我不知道

你會用哪種更好的方式，來排解這股破壞性的衝動？

_____

_____

_____

　　審視內心深處陰暗角落的同時，你也勇敢抵禦了未知的處境。試著將陰暗面視為人性中最複雜的片段，而那些片段不會讓你變成一頭怪物，恰恰相反。

　　未來，請採取自我同理的態度。感受到某些欲望與情感是正常的，就算那些欲望和情感交雜著羞恥與內疚也無妨。請以理解的態度對待它們，不要妄加評判自己，如此一來，你將會強化你超越暗黑衝動的能力。

愛德華‧海德是人類中，
唯一僅由邪惡所構成的人。
──羅伯特‧路易斯‧史帝文森
（Robert Louis Stevenson，蘇格蘭知名小說家）

第 7 把鑰匙
我的另類人格

前往與之相遇,
你將更了解自己。

榮格解釋過，我們的負面分身就存在於陰影之中。每個人都擁有雙重人格：第一人格是有意識的，也就是我們對自我感知及展示給他人的部分；這部分構成了光明面，也就是可見、且為社會所接納與重視的部分。第二人格則是無意識的，是我們害怕別人看見、被排斥與壓抑的部分；也就是我們內心的「惡」。

蘇格蘭小說家史帝文森（Robert Louis Stevenson）的著名作品《化身博士》（*Strange Case of Dr. Jekyll and Mr. Hyde*）透過有力的寓言，敘述人格面的雙重運作。傑基爾博士是一名醫生與研究員，他生活富裕且富有名望。他就和一般人一樣，每當他做出社會所不認同的行為，就難免會產生罪惡感。為了擺脫這種令他飽受束縛的罪惡感，讓內心恢復平靜，傑基爾博士進行了一項奇特的實驗，目的在於分離出兩個自己。

他調製出了一種神奇的藥水，讓靈魂與身體內的善與惡分離。故事到此為止，他還是傑基爾博士：一個結合了善良與邪惡、優點與缺點、純潔與異常的完整存在，只是他決心擁有一個分身。從此，傑基爾博士只會擁有優點，而且性格善良純潔。至於另一個他——也就是他的負面分身「海德先生」，則是一個僅僅擁有邪惡、缺點與缺陷的存在。

就這樣，在一個夜晚，愛德華・海德誕生了。他不受道德良知的約束，成為了傑基爾博士最陰暗的欲望與衝動的化身。一開始，海德只是幹點小奸小惡，隨後他的行為愈發邪惡狂暴，直到最後犯下了謀殺的殘忍罪行。海德的惡行令傑基爾驚愕不已。他試圖除去自己所創造出來的第二人格，然而最終以失敗收場。他

的神奇藥水失效了。

他這才發現，海德變成了主導人格，隨心所欲地控制著他的身心。

人格分裂

人格分裂在心理學上稱為「解離性身分障礙」，當事人會表現出兩種或多種不同的人格。每種人格可以輪流控制當事人的行為，這可能會在生活中製造出混亂，因為每種人格都可以擁有不同的記憶與行為。

這種病症經常與創傷經歷有關，需要由心理健康專業人士追蹤治療，以協助當事人管理不同的身分，盡可能過上正常的生活。

傑基爾博士的故事是一則關於人格運作的寓言。不過，我跟你保證：探索自己的陰暗面，絕不會讓你承受變成變態殺人狂的風險。這本書不是一劑助你撤下道德屏障的神奇藥水，反而是讓你能夠探索陰暗面，對自己有全面的看法。這個隱藏的分身甚至能幫助你變得更好。

不過我相信如果傑基爾博士可以讀到這本《陰影日記》，就不需要發明危險的藥水了。他只需要與自己的陰暗面和解，透過接納與同情──但不因此而放任衝動為所欲為──學習從中汲取全新的能量，並將其視為一種讓自我人格進化的理想方法。如此一來，他最終可以讓衝動在工作或某項興趣上得到昇華。所以，讓我們現在就出發，與分身相遇吧！

以下是一份形容詞清單；這些形容詞在我們的文化中通常與優點相關。另一份清單則與缺點相關。合理來說，一個人可能傾向於將優點清單上的項目示人，缺點清單的項目則留在了陰影中。優點能提升人的價值，缺點則貶低了人的價值。請記住，清單分類非常籠統，可能有許多的例外：某項缺點與某項優點通常也會依據特定的情境來判斷。

傾向於示人的優點	傾向於留在陰影中的缺點
勇敢	懦弱
誠實	不誠實
寬容	氣量狹小
博愛	自私
謹慎	魯莽
堅決	優柔寡斷
有同理心	冷漠
友好	咄咄逼人
真誠	虛偽
對新事物抱持開放的態度	守舊

你最近一次表現得懦弱是什麼時候？請描述。

_____

_____

_____

〔鑰匙7〕
我的另類人格

你試圖忘記這件事嗎？
□是　　　　　□否　　　　　□我不知道

如果是，為什麼？

_____

_____

_____

你會因為這種行為自責嗎？
□是　　　　　□否　　　　　□我不知道

你希望當時能展現出不一樣的行為嗎？
□是　　　　　□否　　　　　□我不知道

如果能可能，你想怎麼做？

_____

_____

_____

你試圖向身旁的人隱瞞這件事嗎？
□是　　　　　□否　　　　　□我不知道

為什麼？你在害怕什麼？

_____

_____

你認為現在已經可以接受自己的懦弱，同時接受自己有時勇敢、有時懦弱的不同面向嗎？你的行為不只取決於性格，還包括不同的情境、狀態，以及行動時周遭的人等因素？

☐ 是　　　　☐ 否　　　　☐ 我不知道

現在的你可以舉出例子：人生中有哪些時刻表現得很勇敢嗎？

☐ 是　　　　☐ 否　　　　☐ 我不知道

請至少描述一個：

_____

_____

你最近一次不誠實是什麼時候？請描述。

_____

_____

你試圖忘記那件事嗎？

☐ 是　　　　☐ 否　　　　☐ 我不知道

如果是，原因是？

_____

〔鑰匙 7〕
我的另類人格

你會為這種行為自責嗎?

你會希望自己當時展現不一樣的行為嗎?
□是　　　　□否　　　　□我不知道

如果可能,你想怎麼做?

你試圖向身旁的人隱瞞這件事嗎?
□是　　　　□否　　　　□我不知道

為什麼?你在害怕什麼?

你認為現在的你可以接受自己的不誠實,同時接受自己有時坦誠、有時不老實的不同面向嗎?

現在的你,可以舉出例子:人生中有過哪些時刻表現出了誠實嗎?
☐是　　　　☐否　　　　☐我不知道

如果有,請至少描述一個:

_____

_____

_____

你最近一次表現出度量狹小的態度是什麼時候?請描述。

_____

_____

_____

你試圖忘記那件事嗎?
☐是　　　　☐否　　　　☐我不知道

如果是,原因是?

_____

_____

_____

你會為這種行為自責嗎?

_____
_____

你希望自己當時展現不一樣的行為嗎?

□是　　　　□否　　　　□我不知道

如果可能,你想怎麼做?

_____
_____

你試圖向身旁的人隱瞞這件事嗎?

□是　　　　□否　　　　□我不知道

為什麼?你在害怕什麼?

_____
_____

你認為現在可以接受自己氣量狹小,同時接受自己有時寬容、有時度量小的不同面向嗎?

_____

_____

_____

現在你可以舉出自己的人生中,有哪些時刻表現出了寬容嗎?
□是　　　　□否　　　　□我不知道

如果是,請至少描述一個:

_____

_____

　　在這本日記中檢視所有可能在你身上並存的優缺點,難免有些枯燥乏味。如果你想深入這項練習,我建議你在另一本筆記本上進行。重要的是,你明白了箇中原則:人類並不完美,就算試圖走向光明,培養美德,依然擁有諸多缺點。能接納這點,就等於與每個部分的「自我」達成了和解。

　　現在,我想與你談談另一個在本書開頭提過的要點。那是個與陰影有關的議題:詳細來說,是一種現代社會中特別受到壓抑的人性,那就是攻擊性。雖然攻擊性是人類天生的優點,卻有被壓抑與隱藏在潛意識的傾向。這點在女性身上尤為明顯。

　　在現代社會——又稱文明社會——女性應該隱藏自身的攻擊性,以符合溫順甜美的刻板印象,因此許多女性壓抑了攻擊性。但是,攻擊性是與生俱來的,雖然受到壓抑,卻不會因此消失。

與狼同奔的女人

美國詩人埃思戴斯（Clarissa Pinkola Estés）在著作《與狼同奔的女人》（*Women Who Run With the Wolves*）中讚頌了女性的力量與天生的直覺。他展示了女性如何找回內在的力量，以更真實的方式生活，同時與壓抑的真實自我和解。

埃思戴斯解釋說，許多女性已經與自我內心的野性、且具有直覺的一面——也就是「狼性」——切斷了連結，她希望引導女性與這股力量重新建立連結。

多數時候，壓抑攻擊性的人反而會透過自我批評、自我貶低或自我傷害，讓攻擊性轉向自己，或者是利用微妙的方式來展現，例如：

—經常性的遲到。
—散播或助長別人的負面傳言。
—賭氣、沉默、不回應。
—永遠在背後批評一切。
—表現得漫不經心、忘記做某些重要的事。

你是否感覺自己正壓抑內在的狼性？答案可複選。
☐ 有時你雖然生氣，但不表現出來。你寧可低頭，一邊逃跑一邊嚎叫。

☐ 有時某個人試圖傷害你，但你不敢張牙舞爪地警告對方，也不敢跟他劃清界線。
☐ 有時你很想表達強烈的情緒。你想大聲歡呼，但你不會那樣做。
☐ 有時你想展現親密感，跟同伴勾肩搭背、肢體接觸，但你寧願與他們保持距離。
☐ 有時你想在身處的環境中無憂無慮地玩耍，例如在雪地上打滾，但你不讓自己這麼做。
☐ 有時你想和同伴在大自然中奔跑，沉醉在新鮮空氣與自由之中，可是你不讓自己享受自由。
☐ 有時你想追尋珍貴的資源，並帶回你所屬的群體。但最後你什麼都沒做。
☐ 有時你想支配同類，向他們展示你才是最強、最有力量的，讓他們順從於你。但你阻止自己這麼做。
☐ 其他（請描述）：_____

_____

如果你可以自由地展現攻擊性，你會做些什麼？請描述：

_____

_____

_____

當你展現出攻擊性，你周遭的人有些什麼反應？

_____

〔鑰匙7〕
我的另類人格

你認為父母對你的教導和從小到大你所受到的教育,導致你壓抑、還是強化了你與生俱來的攻擊性?

不被承認的動物性

尚皮埃爾・德孔希(Jean-Pierre Deconchy,1934-2014年)是一位傑出的心理學研究員。他透過多項實驗研究,說明人類如何難以承認自己的行為的確受到生物性的決定因素所影響。

德孔希證明了一件事:人類抗拒承認自己的行為有著生物學上的原因。簡單地說,人類不願接受自己擁有動物性的一面。這當然與文化有關,因為我們的文化普遍認為動物的本質不完美,而且不純潔,因此在心理上,我們需要維持人類與動物有所區別的認定,也就是推定人類因為具有文明、擁有天賦的意識,所以是高等生物;而動物則受到本能的支配,缺乏思考的能力,所以是低等生物。

我建議你從陰影的探索中,檢視你的動物性成分。人類雖然具有道德意識與高等智能,得以發展出無數技能和科技解決方案,卻也有臣服於本能的時候。儘管難以接受,但我們就跟狗、

羊、獅子或綿羊一樣,都是骨肉之軀。而且我們在某些情境下的反應,就跟動物一樣。

　　讓我們開始吧!

人類是一種受到本能支配的物種。這個想法會令你感到訝異嗎?
□是　　　　　□否　　　　　□我不知道

如果會,為什麼?

_____

_____

_____

如果不會,為什麼?

_____

_____

_____

你是否有過領地行為?所謂的「領地行為」是一種為了佔領或保衛領地而出現的行為。選出下列你經常表現的行為。
□ 在某個地方安頓下來時,你有到處擺放個人物品的傾向。
□ 當有人未經你同意就碰了你的東西,你會生氣。
□ 你曾因為有人佔用你停車場的位置,或在捷運上擠壓到你的空間,而對對方表現出攻擊性。
□ 搭乘大眾交通工具,你會採取某種姿勢,並將物品擺放在身旁,

以免有人坐在身旁。
☐你感覺有必要裝飾自己的辦公室，或展現出自己的品味或風格。
☐你曾經因為鄰居侵犯了你的地盤，與他們發生衝突。
☐其他（請描述）：_____

你承認自己有下列行為嗎？
☐你傾向於在比自己強大的人面前表現得順從？
☐當有人一直盯著你看，會令你感到害怕？
☐當有人提高說話的音量，會令你感到害怕？
☐當有人用力握緊你的手，會令你感到害怕？
☐其他（請描述）：_____

以下是人類與動物共有行為的清單。請勾選你比較常展現的行為。
☐你肚子餓時，會被食物的香味吸引。
☐你非常留意親朋好友身上的氣味，並習慣嗅聞那些氣味。
☐你會利用嗅覺來偵測危險，比如煙味。
☐你傾向於改變自己身上的氣味以吸引或誘惑他人，例如噴香水。
☐你注意到某些人身上散發出的特定氣味，對自己具有性吸引力。
☐某些氣味會引發你的強烈情緒。

你是否察覺到自己行為中具有動物性的一面？
☐是　　　　☐否　　　　☐我不知道

如果是,請描述。

_____

_____

_____

動物圖騰

「動物圖騰」的概念深植於許多原住民文化之中——尤其是美洲原住民,代表的是指導、保護或象徵個人或群體的靈性動物。原住民一向視大自然的動物為「信使」或「導師」的角色,人類能透過牠們獨特的個性,獲得智慧、力量與靈感。

每種動物圖騰與牠們所代表的個體或社群,會建立一種深刻且私密的連結,這樣的連結可以反映出性格特徵、人生課題或靈性旅程的面向。這種人類與動物圖騰的關係是非常神聖的,可以在日常生活及個人靈性發展的過程中,提供指引與支持。

現在,我想和你一起探索你可能擁有與動物圖騰相關的性格特徵。這項練習會讓你發現你內在的隱藏性格,目的在於欺騙你的意識。在遊戲的包裝下,我們平靜而喜悅地探索陰影。不過一旦這個練習或情境顯得太過正經,陰影部分就不會顯現出來。所以,讓我們試著用遊戲的心態,一起來玩吧!

〔鑰匙7〕
我的另類人格

如果考量到自己的陰暗面，你自認最像哪種動物？（作答之前，先別看下一個表格。）

☐ 蛇	☐ 烏鴉	☐ 蟾蜍	☐ 鬣狗
☐ 野豬	☐ 公山羊	☐ 老鼠	☐ 鹿
☐ 熊	☐ 禿鷲	☐ 鼴鼠	☐ 鯨魚
☐ 狐狸	☐ 蠍子	☐ 金魚	☐ 狼
☐ 鯊魚	☐ 鰻魚	☐ 樹懶	☐ 蟬
☐ 螃蟹	☐ 豬	☐ 喜鵲	

☐ 其他（請描述）：

以下象徵表格是用來剖析你的答案。這些動物與惡習的組合來源不同，多數是寓言故事、諺語或通俗的象徵。

動物	相關的惡習
蛇	欺詐、背叛
鬣狗	兇殘、貪婪
老鼠	背叛、吝嗇
禿鷲	貪婪、死亡、欺凌弱小
狐狸	狡猾、欺詐
狼	殘忍、貪得無厭
樹懶	懶惰
豬	骯髒、淫欲、好色
烏鴉	死亡、不幸
野豬	攻擊性、無法馴服

動物	相關的惡習
鹿	好色
鼴鼠	盲目、離群索居
蜘蛛	狡猾、設陷阱
蠍子	背叛、危險
鯊魚	兇殘、冷漠、捕食
蟬	缺乏遠見、漫不經心、懶惰
喜鵲	偷竊、多嘴
蟾蜍	醜陋、壞心眼
公山羊	好色、固執、愚蠢
熊	殘暴、粗魯、孤獨
金魚	冒失
鰻魚	逃跑的傾向、難以捉摸
螃蟹	固執

讓我們繼續探索分身。為此，我建議你分析你對神話、文學與戲劇中不同角色的認同──因為所有的角色就榮格的定義而言，都是一種「原型」，讓你得以重新探索你尚未認識自己的那個部分。我要再次強調，遊戲性質是用來欺騙你的潛意識，讓你可以從容自在地表達。

如果你是某部影劇作品的主角／好人，你會是哪一個？可複選。

☐哈利波特　　　　　　　　☐超人
☐「魔戒」的佛羅多・巴金斯　☐蝙蝠俠

〔鑰匙7〕
我的另類人格

□蜘蛛人
□ 007
□福爾摩斯
□「星際大戰」系列的天行者路克
□印地安納・瓊斯
□神力女超人
□「獅子王」的辛巴
□美國隊長
□「魔戒」的亞拉岡
□「哈利波特」中的妙麗
□「飢餓遊戲」的凱妮絲
□「魔戒」的伊歐玟
□「星際大戰」系列的芮（銀河帝國皇帝的孫女）
□「愛麗絲夢遊仙境」的愛麗絲
□花木蘭
□「權力遊戲」的「風暴降生」丹妮莉絲
□「異形」系列的雷普莉
□「古墓奇兵」的考古學家蘿拉・卡芙特
□「權力遊戲」的艾莉亞・史塔克
□「風中奇緣」的寶嘉康蒂
□其他（請描述）：_____
_____
_____

為什麼？請解釋。
_____
_____
_____

現在，請選擇你想成為的「反派」：
□「哈利波特」中的黑巫師佛地魔
□「魔戒」中佛羅多・巴金斯的死對頭：索倫

167

☐ 超人的對手：富商雷克斯・路瑟
☐ 蝙蝠俠的對手，以及瘋狂的罪犯：小丑
☐ 蜘蛛人的對手：綠惡魔
☐ 007 的對手：撲克牌玩家勒・契夫軻
☐ 福爾摩斯的對手：詹姆斯・莫里亞蒂教授
☐「法櫃奇兵」中印第安納・瓊斯的死對頭，也是古物小偷：法國考古學家貝洛克
☐ 神力女超人的敵人：豹女
☐「獅子王」辛巴的叔叔暨敵人：刀疤
☐ 美國隊長的對手紅骷髏
☐ 鋼鐵人的對手：滿大人
☐「飢餓遊戲」中凱妮絲的敵人：史諾總統
☐「星際大戰」中，韓索羅之子及殺手、芮的敵人：凱羅・忍
☐「愛麗絲夢遊仙境」中，愛麗絲的敵人：紅心皇后
☐ 花木蘭的敵人、匈奴軍隊的統帥：單于
☐「權力遊戲」中，凱妮絲的敵人、亂倫又無情的皇后：瑟曦・蘭尼斯特
☐「異形」中的怪物，雷普莉的敵人
☐「古墓奇兵」中蘿拉・卡芙特的敵對組織：聖三一
☐ 印地安人與寶嘉康蒂的敵人：雷利夫總督
☐ 其他（請描述）：

為什麼？請說明。

_____

_____

_____

你所選擇的角色在哪個方面揭露了你的陰暗面與隱藏人格？

_____

_____

_____

　　與傑基爾博士不同的是，你並不是注定臣服於黑暗的另一個人格，恰恰相反。在接受你擁有二元性的同時，你可以將陰暗、動物性與有時殘忍的那些面向，轉變為個人成長的催化劑。請花點時間思考你自己識別出來的「分身」——無論是動物圖騰或電影中的反派角色，而後與自己進行一場內在的善意對話，問問自己：那些人物教會了你什麼。

> 讓靈魂自怨恨中釋放,
> 就是邁向療癒的第一步。
> ——艾瑞克・馬泰爾
> (Éric Martel,龐巴迪公司執行長)

第 8 把鑰匙
我的怨憎

驅散陰影中的怨恨,
從矛盾和衝突中解放。

想像一顆深埋於土裡的種子。這顆種子深藏在黑暗之中,從土壤表面完全看不見。下雨時,水分流進了土壤深處,當水分與種子一接觸,種子開始萌芽。不久,一株植物即將破土而出,它生長得很快速。然而,要注意的是,這可不是隨隨便便的植物,而是一株有毒的植物,任何生物一旦靠近就會中毒,而且還會污染環境。

這株植物因為有毒所以危險,而賦予這株植物生命的種子有個名字,就叫「怨恨」。怨恨是種在人類心中的種子,是憤怒、挫折與恨意的濃縮,也是這三種有害情緒的強度達至最高點之後無差別的混合體,可謂所有邪惡元素的綜合體。怨恨潛伏在陰影之中等待著示現的時機,好摧毀毒害一切。

人生中,每個人都活在或大或小的衝突裡,包括與伴侶、父母、兄弟姊妹、同事、合夥人的衝突,這其中,某些衝突的發生是必要且合理的。事實上,有時當一段關係需要重新取得平衡時,透過衝突,或至少透過建設性的爭吵,就能夠讓關係重新打下新的基礎。不過,也有一些衝突的發生,並非基於這種必要性。

事實上,許多衝突的發生並非基於事情表面呈現的原因,而是來自內心的怨恨。也就是說,那顆種子渴望長成一株植物,實行它的災難性有毒計畫。這種情況下,衝突的理由似乎就無關緊要了。如果一個理性的人從外部觀察,會認為這類衝突的理由實在難以理解,然而一旦內心灑上了怨恨的種子,根本不需合理的理由,就能引發衝突。

在最極端的狀況下,衝突會演變成社會新聞上的悲劇,就像

〔鑰匙 8〕
我的怨憎

某人只是無意間斜眼瞄了另一個人一眼,就被嚴重的傷害了。又比如說,「離婚」這種衝突也會變成一場潛在戰爭,阻止夫妻各自重建人生,同時讓小孩無法過上正常生活。或者,當公司裡某個心懷怨恨的員工,故意利用醜聞污衊同事或主管,也會引發一場公司內部的衝突。

我們都是人,而這顆怨恨的種子很不幸地就存在於每個人的身上,並參與了我們的心理活動,正如同肝臟參與了我們整體的生理活動一樣。然而,有兩個特點需要考慮,它讓我們感受到怨恨時會有不一樣的表現,從而伴隨的痛苦與心理障礙也會不一樣。

- 內心怨恨的多寡——或許可以詮釋為「種子的尺寸」,會依據我們的主觀而有所不同。有人天生就過得比別人辛苦,甚至更容易產生怨恨。如果你活在一個不公不義的戰亂國家,你內心感受到怨恨的風險就會比就活在承平環境的人更高。
- 道德的屏障會阻止我們將怨恨化為行動(批評、侮辱、打擊等)。這些道德屏障取決於我們的教育,以及成年後如何看待自己主動選擇的規則。所以,在這點上,每個人並不公平。某些人追求美德,為自己設下了重重界限;某些人則毫無界限可言。

內心充滿怨恨,但為自己設下堅固道德屏障的人,會飽受潛在暴力的內在衝突,而且,那些衝突可能嚴重到轉化為身心疾病。至於那些內心有諸多怨恨卻沒有設下道德屏障的人,則可能

受到憤怒的控制，把時間花在衝突上，以暴力對待他人。

這就是為什麼探索這部分的陰影是如此的重要。去面對「種子」，測量它的尺寸，就能評估出「種子」生長的理由。因為一旦這株衝突的植物生長自「怨恨的種子」，那麼這顆怨恨的種子無疑來自於我們的痛苦、羞辱、過往的傷口，也來自於未曾滿足的物質需求或心理需求（關心、認可等）。

一旦理解到這點，你對這種情感機制就會有清楚的理解，從而不再受到控制，人生獲得進展，成為一個更好、更自信且內心平和的人。

如果將童年、青少年時期乃至成年之後所累積的挫折，全數自心中釋放。請問，哪一種挫折對你而言是最容易表達的？可複選。

☐ 我沒有從父母那裡得到足夠的愛與關注。
☐ 我沒能夠接受有品質或符合需求的教育。我沒有機會修習我想要修習的學業。
☐ 我被迫在一個經濟需求無法滿足的環境中成長。
☐ 我經常感覺被拿來和自己的兄弟姊妹或同學做比較。我覺得自己沒有受到和他們一樣的對待與重視。
☐ 我沒有獲得足夠的精神、情感或物質支持，讓我可以去追尋我的熱情，或展現才能。
☐ 我經歷過被忽略的滋味，遭受到身體、情感或性方面的虐待。我認為這些經驗對我很不公平。
☐ 我在傳統教育制度上遭遇了困難或失敗。我感覺自己沒有得到足夠的支持或理解。

〔鑰匙 8〕
我的怨憎

☐ 我很難交到朋友或維繫社會關係。我覺得孤單,也覺得這並不正常。
☐ 我從很小的時候就開始與病魔對抗。我問自己,為什麼這件事會發生在我的身上,而不是其他人身上。
☐ 我曾是霸凌行為的受害者,或者感覺被同儕排擠。被排擠讓我痛苦,我覺得這種事情似乎發生得毫無理由。
☐ 我父母對於成功、行為或身分有著強烈的期待。我覺得自己被壓垮了。
☐ 完成學業後,我並沒有從事夢想中的職業。
☐ 在我人生的第一階段,我在愛情裡經歷了分手或失落。
☐ 我經常覺得別人不理解我,就好像我的努力沒有被認可或受到賞識。
☐ 我時常與我的身體形象、體重或外表抗爭。我覺得不公平,因為我們不能選擇自己的外表。
☐ 我因為種族、性別、性傾向或宗教的關係,遭遇到歧視或羞辱。
☐ 其他(請描述):＿＿＿＿＿＿＿＿＿＿＿＿＿＿＿＿

＿＿＿＿＿＿＿＿＿＿＿＿＿＿＿＿＿＿＿＿＿＿＿＿＿＿＿＿

試著為此刻內心的怨恨程度進行客觀評估,你會打幾分?0 分是「我此刻沒有感受到怨恨」,而 10 分是「我無時無刻感受到挫折與憤怒」。我將此刻分成三個階段,讓你可以精確地進行評估。

童年時期(0 至 12 歲),我內心的怨恨程度:＿＿＿＿＿＿

青少年時期(13 至 20 歲),我內心的怨恨程度:＿＿＿＿＿＿

成年初期(21 至 25 歲),我內心的怨恨程度:＿＿＿＿＿＿

請花點時間詳述你人生中三個不同階段的感受,並解釋令你內心的怨恨程度多寡的原因。如果你沒有——或幾乎沒有——感受過怨恨,那麼,去探究箇中原因也同樣有趣。這可以讓你更能理解哪些因素會讓你心懷怨恨,又是哪些因素,讓你不那麼感到怨恨了。

在我的童年時期:_____

_____

在我的青少年時期:_____

_____

在我的成年初期:_____

_____

現在讓我們換個思考。如果你可以讓自己在成年時期所遭受過——或此刻仍舊遭受到——的挫折全數發洩出來,那麼,哪些對你而言比較容易表達?可複選。

☐ 我的家庭關係很不和諧。與前任或某些家庭成員未解的衝突令我感到內心苦澀。

☐ 我在職場遭遇了失敗,我的事業停滯不前。我並沒有從事我所期待且應得的工作。

☐ 我經歷了分手或過程痛苦的離婚,這些情感關係令我心中充滿了怨恨。

☐ 我失去了某個對我來說很重要的人。我覺得那場死亡對我很不公平,我不該經歷這麼困難的考驗。

〔鑰匙 8〕
我的怨憎

☐ 我有財務問題。我的銀行帳戶經常透支,我有還不完的債務。
☐ 我有慢性病的困擾。我覺得生病對我很不公平,而疼痛令我充滿了怨恨。
☐ 當我拿自己與別人、朋友、同事或家族其他成員相比,我覺得人生很失敗。
☐ 朋友、同事或是親近的人曾背叛我或令我失望,這些經驗深深影響了我。
☐ 我經歷了人生重大的改變,我不得不離開我喜歡的環境。
☐ 我覺得已經到了極限——無論身體、精神或情感上——為此十分沮喪。
☐ 我的夢想是成為自己房子的主人,但是我財力不足。
☐ 其他(請描述):_____

_____

如果你試著為此刻內心的怨恨程度進行評估,你會打幾分?0 分是「我現在沒有感受到任何怨恨」,而 10 分是「我無時無刻覺得挫折與憤怒」。我將此刻分成三個階段,讓你可以精確地評估。

25 至 35 歲的怨恨程度:_____

35 至 45 歲的怨恨程度:_____

45 至 55 歲的怨恨程度:_____

55 至 65 歲的怨恨程度:_____

65 至 75 歲的怨恨程度:_____

75 至 85 歲的怨恨程度:_____

85 至 95 歲的怨恨程度：＿＿＿＿＿＿＿＿＿＿＿＿＿＿＿＿

請花點時間詳述你在這些不同階段曾有過──或至今仍存在──的感受。盡可能解釋讓你內心的怨恨程度多與寡的原因。請回答至你目前的年齡。

25 至 35 歲：＿＿＿＿＿＿＿＿＿＿＿＿＿＿＿＿＿＿＿＿＿＿

35 至 45 歲：＿＿＿＿＿＿＿＿＿＿＿＿＿＿＿＿＿＿＿＿＿＿

45 至 55 歲：＿＿＿＿＿＿＿＿＿＿＿＿＿＿＿＿＿＿＿＿＿＿

55 至 65 歲：＿＿＿＿＿＿＿＿＿＿＿＿＿＿＿＿＿＿＿＿＿＿

65 至 75 歲：＿＿＿＿＿＿＿＿＿＿＿＿＿＿＿＿＿＿＿＿＿＿

75 至 85 歲：＿＿＿＿＿＿＿＿＿＿＿＿＿＿＿＿＿＿＿＿＿＿

85 至 95 歲：＿＿＿＿＿＿＿＿＿＿＿＿＿＿＿＿＿＿＿＿＿＿

你是否有出現以下行為的傾向？可複選。
☐ 離群索居，不跟別人互動。
☐ 利用諷刺或是拖延，間接表達內心的不滿和怒氣。
☐ 經常挑剔別人的毛病或缺點。
☐ 經常回想起過往的不滿，或是過往認為不公平的狀況。
☐ 拒絕原諒他人的錯誤或冒犯，就算情節輕微。
☐ 面對真實或是別人認定的缺點，反應過度或採取防禦性的姿態。
☐ 沒有客觀原因，就對別人表現出敵意或是仇恨。
☐ 試圖報復或傷害那些被認為傷害你的人。
☐ 難以信任他人，疑心病重。

〔鑰匙8〕
我的怨憎

□經常認為自己是個受害者。
□使用負面表述、具有貶意、憤世嫉俗的語言。
□抗拒改變,就算是正向且必要的改變。
□因為經常與人衝突,所以很難維持健康的人際關係。
□容易表現出不耐煩或易怒,尤其在有壓力的狀況下。
□不在乎他人的感受與需求。
□將自己的失敗或問題歸咎於他人或環境所造成。
□其他(請描述):_____

你認為這些行為與前文提到的挫折有關嗎?
□是　　　　□否　　　　□我不知道

如果是,請解釋原因。

這些行為展現了你與他人的關係。從這些行為中,你對於一般人——尤其是你自己——有些什麼樣的想法?

你可以用不一樣的方式處理上述提到的挫折嗎?
☐是 ☐否 ☐我不知道

如果是,你想怎麼做?

___

___

___

你是否曾經刻意地採取以下行為?可複選。

☐對那些負責服務你的人,例如店員或餐廳服務生,表現得缺乏耐性或易怒。

☐對有色人種或外國人使用歧視、帶有成見或侮辱性的話語。

☐因為社會地位、職業或族裔等差異,對某些人表現優越感或高高在上的態度。

☐對於不同的文化習俗、信仰或生活方式,表現出輕蔑或偏執的態度。

☐攻擊那些比自己弱小,或者有身材缺陷的人。

☐對於政治人物發表暴力、怨恨或批評的言論。

☐看見身邊人的穿著、髮型或行為與普遍標準不同,就嘲笑他們。

☐為了小事異常生氣,例如聽到咀嚼的聲音,或看見某些東西沒有排放整齊。

☐經常批評家族成員的行為或外表等瑣碎的細節。

☐面對家族成員的某些生活習慣,例如在家族聚餐或共同出遊時,表現出不快或憤怒。

〔鑰匙 8〕
我的怨憎

☐對於孩童的行為表現,例如充滿好奇心或精力旺盛,顯得缺乏耐性。
☐因為雞毛蒜皮的事,反覆與人發生衝突,像是選擇看什麼電視節目,或是家務的分配安排。
☐當家族成員的意見與你不同,會馬上產生負面的反應。
☐只要遇到與他人小小的意見不合,就會開始生悶氣或長時間不說話。
☐將生活中各種層面的壓力與挫折,發洩在家族成員的身上。
☐其他(請描述):

你認為這些行為與先前提到的挫折有關嗎?
☐是　　　　☐否　　　　☐我不知道

如果是,請描述原因。

你認為自己可以用不同的方式來處理這些狀況嗎?
☐是　　　　☐否　　　　☐我不知道

如果是,請解釋你有什麼不一樣的作法。

陰影日記
MON SHADOW WORK JOURNAL

你是否經歷過一場以現在的眼光來看根本微不足道的衝突？

☐ 是　　　　☐ 否　　　　☐ 我不知道

如果是，請敘述。

你可以說明一下你正在經歷、或最近經歷過的衝突嗎？

你曾經怨恨過、或此刻正在怨恨著某人嗎？

當某些比你年輕的晚輩或同儕獲得了成就，是否令你感到不快？

☐ 是　　　　☐ 否　　　　☐ 我不知道

你是否認為老一輩人過的生活，比你這一代輕鬆多了？

☐ 是　　　　　☐ 否　　　　　　☐ 我不知道

有時這會讓你怨恨起這個世代的族群，尤其是當他們想教訓比他們更年輕的人？

☐ 是　　　　　☐ 否　　　　　　☐ 我不知道

你是否認為國內某些族群與你相比，是擁有特權的？

☐ 是　　　　　☐ 否　　　　　　☐ 我不知道

如何走出怨憎的惡性循環？

「怨恨」起碼是由三件事所引發。

——我們在過往——特別是童年期間——最重要的物質、社會、心理需求沒有獲得滿足。

——我們目前最重要的物質、社會、心理需求沒有獲得滿足。

——對於未來最重要的物質、社會、心理需求能否獲得一個滿意的回應，我們不抱持任何期待。

要走出「怨恨」的惡性循環，起碼要做到三件事。

——原諒生命，或原諒那些本應該滿足我們某些需求、卻沒有做到的人（父母、兄弟姊妹、國家等）。

——採取行動，尋找方法來滿足目前最重要的需求。在滿足需求的同時，也與生命和解。

——制定清楚的目標、策略或行動方案，以找到方法滿足未來的需求。轉化生命需要時間。

這本書的練習是第一步。然而如果你想走出怨恨的陰影，進入豐盛的光明，就必須在現實生活中付諸行動。

你可以描述一個沒有怨恨的人生嗎?也就是一個你所有需求完全或幾乎得到滿足的人生。目前在你的生活中,如果想達到這種豐盛完滿的狀態,還缺少什麼?

物質方面,你還需要(請描述):_____

_____

職業方面,你還需要(請描述):_____

_____

戀愛方面,你還需要(請描述):_____

_____

交友方面,你還需要(請描述):_____

_____

為了滿足這些需求,你可以採取什麼樣的行動?

物質方面,你可以:_____

_____

職業方面,你可以:_____

_____

戀愛方面,你可以:_____

_____

〔鑰匙8〕
我的怨憎

交友方面，你可以：＿＿＿＿＿＿＿＿＿＿＿＿＿＿＿＿＿＿＿＿
＿＿＿＿＿＿＿＿＿＿＿＿＿＿＿＿＿＿＿＿＿＿＿＿＿＿＿＿＿

你是否考慮找個生涯管理教練，協助你更明確地界定期待，以便付諸行動？

☐是　　　　　☐否

如果是，結果為何？＿＿＿＿＿＿＿＿＿＿＿＿＿＿＿＿＿＿＿
＿＿＿＿＿＿＿＿＿＿＿＿＿＿＿＿＿＿＿＿＿＿＿＿＿＿＿＿＿

如果不是，你不敢的原因是什麼？＿＿＿＿＿＿＿＿＿＿＿＿＿
＿＿＿＿＿＿＿＿＿＿＿＿＿＿＿＿＿＿＿＿＿＿＿＿＿＿＿＿＿

這件事你會考慮嗎？

☐是　　　　　☐否　　　　　☐我不知道

如果不找教練協助，你人生當中是否有某個人可以擔任你心靈導師的角色，從旁協助你？

☐是　　　　　☐否　　　　　☐我不知道

　　認清你的挫折，是個重新評估與重新定向的珍貴機會，勇敢並帶著同情心去提及這些回憶，你會擁有正向改變的能力。請定期翻讀你在左頁寫下的內容：這份行動綱要的使命，並非是停留於一種假設，而是從今天開始能真正寫進你的現實生活當中。

　　你是維護自身存在的園丁。與其灑上怨恨的種子，不如灑上自我實現的種子：你的內在花園正在等著你，讓它繁花盛開！

教育，是一門
讓意識進入潛意識的藝術。

──古斯塔夫・勒龐
（Gustave Le Bon，法國社會心理學家）

第 9 把鑰匙
我的原型

尋找原型,
挖掘自我的諸多面向。

想像你在城市裡漫步。你需要找到你要走的路，所以你得拿起手機使用 Google Map 應用程式，讓這個預先下載於手機的 APP 為你導航。所謂的應用程式，就是執行你某些需求的小型軟體程式。就某方面而言，心理學上的「原型」就類似手機的應用程式。如同 Google Map，一個原型也肩負了指引你的使命，只不過它指引的是你的人生道路。

「原型」（archetypes）源於我們所稱的「集體潛意識」。集體潛意識是一座思想與行動的龐大儲存庫，每個原型都已預先下載至你的心靈深處。原型具備了某些藉由指引你的行為與思想，從而協助你的功能。例如，當你看見一棟建築著了火，而有一個小孩被困在陽台上，在那當下促使你採取行動的，就是「英雄」原型。

一開始，確實是你的同理心發揮了作用，因為你感受到這個無辜的孩子與他的家人可能會有的痛苦。然而，讓你的行動（與精力）具體化的，正是原型。你肯定從來沒有遭遇過大樓失火的經驗，所以你人生中也從來沒有在火場中救過孩子的經驗，那麼，為什麼你會知道自己會那麼做，而且立馬知道該怎麼做？那就彷彿是與生俱來的一種能力。

那麼，你是從哪裡學來的？可能是你看電影、看書或讀報，或透過數千次聽見或親身參與的對話閒聊當中，不知不覺學習到的。每個孩子一出生，就暴露在來自於他所屬文化的集體潛意識之中，那些所有的意念與表現，以某種方式，將集體潛意識轉移至他個人的潛意識之中。

這就是為什麼，如果我要求你表現出「反叛者」或「智者」

〔鑰匙 9〕
我的原型

的模樣，你會理解我的意思，也知道該怎麼做。這就是為什麼人類行為總是被規範與儀式化，就算這些行為看似不正常。「瘋子」也是一種原型——這就是為什麼在不同文化中，瘋子會出現相同的行為舉止。

原型不僅涉及「人物」，還與「情境」有關；這時我們會提到「場景原型」。所謂的場景原型是日常生活的典型場景，就像傳統的「家族聚餐」、「朋友酒會」或是「情人散步」。所有這些情境在好幾個世紀以來，幾乎都是以某種一成不變的方式按照相同的情節上演，因為這些情境已經銘刻在讓我們遵循規則的集體潛意識當中。

1863 年，馬內（Edouard Manet）完成了他的著名畫作《草地上的午餐》，畫面上呈現兩個男人與一個裸女正在野餐的情景。《草地上的午餐》受到了其他早期畫作的啟發，尤其是 1509 年義大利畫家提香（Titien）的《田園音樂會》。今天我們在安排野餐時，就會模仿這兩幅畫作的情境。當然，參加的野餐女性並不會赤裸著身體，不過，其他元素都沒有缺席（包括姿勢、大自然、食物等）。

我們的陰影也遵循著這種潛意識的規則，同時透過原型來進行投射。探索誘惑或吸引自己的負面原型，讓你可以親近陰影，這有點像一名鳥類學家試圖接近他處心積慮研究的鳥類。他會輕手輕腳地悄悄靠近，不讓鳥兒發現他的存在。因為只要發出一點聲響，鳥兒便會飛走。陰影也是，它永遠試圖逃離我們。

你的母親與下列哪一種原型最為相似?如果你不認識自己的母親,那請你想像一個可以扮演這個角色的母親形象。

☐ **哺養型母親**:無條件的愛與關心的象徵,通常視為家庭溫暖的核心。

☐ **保護型母親**:細心而忠誠。時刻關注孩子的安全與幸福,有時採取的方式十分積極。

☐ **威權型母親**:嚴格而有紀律。她會設立明確的規範,期待孩子能夠遵守。

☐ **朋友型母親**:對待孩子有如朋友一般,或自認與孩子地位平等,這有助於發展親子間開放且無階級的關係。

☐ **教練型母親**:不斷督促孩子超越自我身體或智力的極限。

☐ **冒險型母親**:喜愛冒險與奇遇,鼓勵孩子透過旅行或體能活動進行探索與發現。

☐ **事業型母親**:充滿野心,並且具備專業技能,為工作全心奉獻,以自己的事業成就為優先。

☐ **藝術家型母親**:充滿表現力與想像力,鼓勵孩子表達創意,並與孩子分享對藝術的熱愛。

☐ **教育家型母親**:重視教育與學習,鼓勵孩子努力學習,在學業上獲得成功。

☐ **心靈導師型母親**:她指引與教導、分享智慧與人生經驗,幫助孩子成長與成為一個良善的人。

☐ **誘惑型母親**:專注在自己的美貌與可施展於男性與女性身上的誘惑力。與自己的孩子經常保持距離。

☐ **巫婆型母親**:擁有預言天分或擁有某些隱形的力量。

〔鑰匙9〕
我的原型

☐ **瘋狂型母親**：心理狀態脆弱，經常喪失與現實的連結，做出令人難以理解的行為，讓親友痛苦。
☐ **缺席型母親**：遠離孩子的視線或是情感淡漠，在孩子的生命中經常缺席。
☐ 其他型（請描寫）：_____
_____

在上列清單中，你希望自己的母親是哪一種原型？
_____

如果與你母親相似的原型和你所期望的差異極大，你內心會產生怎樣的失落感？
_____
_____

直到今天，你是否還埋怨她不是你心目中想要的母親？
_____
_____

如果是，請說明這種失落感是如何具體的表現出來：
_____
_____
_____

如果不是,請說明你是怎麼原諒她的?

_____

_____

_____

你的父親與下列哪種原型最為相似?

☐ **哺養型父親**:在孩子的教育與照顧上運用溫柔的同理心,扮演積極生養的角色。

☐ **保護型父親**:作為家庭的守護員與保護者,為了家人的安全與幸福而全心奉獻。

☐ **威權型父親**:標準嚴格且要求甚高,設立明確的行為規範,並且要求孩子養成紀律感。

☐ **朋友型父親**:用較平等的方式對待孩子。在行為表現上,比起傳統威權形象,跟孩子相處起來更像個朋友。

☐ **教練型父親**:不斷鼓勵孩子超越自我身體和心智的極限。

☐ **英雄型父親**:孩子會因為他的成就而將他理想化,他經常被視為一個強大且值得仿效的榜樣。

☐ **冒險家父親**:喜愛冒險與奇遇,鼓勵孩子透過旅行或體能活動進行探索與發現。

☐ **事業型父親**:充滿野心,且具備專業技能。為工作全心奉獻,以自己的成就為優先。

☐ **心靈導師型父親**:給予孩子建議與指引,分享智慧與經驗,幫助他們成長。

□ **教育型父親**：偏重教育與知識，看重批判性思想與學習。
□ **藝術家型父親**：具有創造力與表現力，經常與孩子分享對藝術、音樂或文學的熱愛。
□ **誘惑型父親**：專注在自己的容貌與可施展於男性與女性身上的誘惑力。與孩子經常保持距離。
□ **巫師型父親**：擁有預言天分，或具備隱形的力量。
□ **瘋狂型父親**：心理狀態脆弱，經常喪失與現實的連結，做出令人難以理解的行為，讓親友痛苦。
□ **缺席型父親**：經常不在孩子身邊，或是情感淡漠，在孩子的生命經驗中經常缺席。
□ 其他型（請描寫）：_____

_____

在上列清單中，你希望自己的父親是哪一種原型？

_____

如果與你父親最為相似的原型和你所期望的差異極大，你內心會產生什麼樣的失落感？

_____

_____

_____

直到今天，你是否還埋怨他不是你心目中所期望的那種父親？

_____

如果是,請說明這種失落感如何具體的表現出來?

如果不是,請說明你是如何原諒他的?

第二父親

「第二父親」的概念,是當生父無法滿足自己孩子的教育與情感需求時,尋求父親形象的孩子或成人會轉而向其他較年長或可以勝任這個角色的男性身上,找尋一個父親形象的替代者。這些人可以是教授、心靈導師或某個家族朋友,他們不僅能提供情感與道德支持,還能樹立清楚的規範與穩定的權威。這種特殊的連結會根據「父親」這個形象滿足個人需求的能力而有不同面向,有助於減輕孩子對生父的失望與怨恨。

透過這種關係,情感與心理或許就能達到一種全新的平衡,促進更和諧的個人發展。當然,這種機制同樣適用於母親。我們稱之為「第二母親」。

〔鑰匙 9〕
我的原型

如果你已為人父母,請與你的孩子一同進行這項練習,並詢問他們對你的看法。這會是個開啟討論的機會,或許也能帶來生活和關係上的改變。

如果現在你已為人母,你的原型是哪一種?

☐ **哺養型母親**:無條件的愛與關心的象徵,通常視為一個溫暖家庭的核心。

☐ **保護型母親**:細心而忠誠,時時關注孩子的安全與幸福,有時方式十分積極。

☐ **威權型母親**:嚴格而有紀律,建立明確的規範,並督促孩子遵守。

☐ **朋友型母親**:對待孩子如朋友般,或與孩子地位平等,有助於發展親子間開放且較無階級的關係。

☐ **教練型母親**:不斷督促孩子超越自我與體力和智力的極限。

☐ **冒險型母親**:喜愛冒險與奇遇,鼓勵透過旅行或體能活動進行探索與發現。

☐ **事業型母親**:充滿野心且具備專業技能,為工作全心奉獻,以自己的成就為優先。

☐ **藝術家型母親**:充滿表現力與想像力,鼓勵創意表達,並與孩子分享對藝術的熱愛。

☐ **教育家型母親**:重視教育與學習,鼓勵孩子學習,從而在學業上獲得成功。

☐ **心靈導師型母親**:她指引與教導、分享智慧與人生經驗,幫助孩子成長與成為一個良善的人。

- □ **誘惑型母親**：專注在自己的美貌與可施展於男性與女性身上的誘惑力。與自己的孩子經常保持距離。
- □ **巫婆型母親**：她擁有預言的天分，或具備隱形的力量。
- □ **瘋狂型母親**：心理狀態脆弱，經常喪失與現實的連結，做出令人難以理解的行為，讓親友痛苦。
- □ **缺席型母親**：經常不在孩子身邊，或是情感淡漠。在孩子的生命經驗中經常缺席。
- □ 其他型（請描寫）：＿＿＿＿＿＿＿＿＿＿＿＿＿＿＿＿＿＿＿＿

＿＿＿＿＿＿＿＿＿＿＿＿＿＿＿＿＿＿＿＿＿＿＿＿＿＿＿＿＿＿

如果現在你已為人父，你的原型是哪一種？
- □ **哺養型父親**：在對孩子的教育與照料上運用溫柔的同理心，扮演積極養育的角色。
- □ **保護型父親**：作為家庭的守護員與保護者，為了家人的安全與幸福全心奉獻。
- □ **威權型父親**：嚴格且要求高，設立明確的規範，並要求紀律與尊重。
- □ **朋友型父親**：用較平等的方式對待孩子。行為表現上比起傳統的威權形象，跟孩子相處起來更像是朋友。
- □ **教練型父親**：不斷鼓勵孩子超越自我的極限。
- □ **英雄型父親**：孩子會因為他的成就而將他理想化，他經常被視為一個強大且值得仿效的榜樣。
- □ **冒險家父親**：喜愛冒險與奇遇，鼓勵透過旅行或體能活動進行探索與發現。

〔鑰匙 9〕
我的原型

☐ **事業型父親**：充滿野心且具備專業技能，為工作全心奉獻，以自己的事業成就為優先。
☐ **心靈導師型父親**：給予孩子建議與指引，分享智慧與經驗，幫助他們成長。
☐ **教育型父親**：偏重教育與知識，看重批判性思考與學習。
☐ **藝術家型父親**：具有創造力與表現力，經常與孩子分享對藝術、音樂或文學的熱愛。
☐ **誘惑型父親**：專注在自己的容貌與可施展於男性與女性身上的誘惑力。與孩子經常保持距離。
☐ **巫師型父親**：他擁有預言的天分或具備隱形的力量。
☐ **瘋狂型父親**：心理狀態脆弱，經常喪失與現實的連結，做出令人難以理解的行為，讓親友痛苦。
☐ **缺席型父親**：經常不在孩子身邊，或是情感淡漠。在孩子的生命經驗中經常缺席。
☐ 其他型（請描寫）：＿＿＿＿＿＿＿＿＿＿＿＿＿＿＿＿＿＿

當你還是個小學生時，下列清單中的哪個原型和你最為相似？
☐ **懶惰笨拙**：考試分數從來沒有超過 50 分。叫他到黑板前解題是一場災難。
☐ **愛打架**：成天找人打架，在操場上逞兇鬥狠。
☐ **班上第一名**：總是坐在第一排，考試也常拿第一名。
☐ **運動健將**：擅長各種運動；沒有任何運動難得倒他。
☐ **作弊**：為了拿到好成績，花時間抄襲別人的答案、做小抄。

☐ **小丑**：喜歡逗同學發笑，有時連老師也被逗樂了。每天總有說不完的笑話。

☐ **做白日夢**：總是在發呆，成天望著教室的窗外，心想要是這個世界沒有學校就好了⋯⋯

☐ **冒險家**：總是逃學，就像美國文豪馬克・吐溫的作品《湯姆歷險記》的主角那樣。

☐ **藝術家**：在音樂或繪畫方面的表現優秀，喜歡創作，喜歡發揮想像力。

☐ **討厭鬼**：是小團體的領袖，總是忙著策劃陰謀、批評及散播謠言。座右銘是「分而治之」。

☐ 其他（請描述）：_____

如果你不怕被老師或父母懲罰或責備，而且有選擇的權力，那麼，你想扮演哪種原型？請從上列清單選出一種。如果與你上一題所選擇的是同一種，那就更好了！

這種原型會迷惑、吸引並誘惑你的地方在哪裡？

〔鑰匙 9〕
我的原型

在當時,最令你惱火,也就是讓你不快且內心怨恨的原型是?

___

你可以解釋原因嗎?

___

___

在你的青少年時期,也就是國中或高中時期,你最像哪一種原型?

☐ **知識分子**:熱愛學習,被視為班上最認真的學生。以取得卓越的成績為學習目標。

☐ **被詛咒的藝術家**:喜歡在課堂上即興創作,例如寫詩或畫出浪漫而悲傷的作品。

☐ **運動家**:非常投入體育活動,經常參加一個或多個高中校隊。

☐ **反叛者**:不喜歡遵守規則,總是對老師態度無禮、頂撞老師。

☐ **受歡迎的人**:善於交際,在他人眼中是很酷或具有影響力的學生群體的一員。

☐ **環保主義者**:熱衷於環境保護與可持續發展的事業,經常參與綠色倡議。

☐ **怪咖**:熱衷科技、電動遊戲,以及/或對於奇幻和科幻小說非常著迷。

☐ **積極分子**:對政治或社會活動十分投入,經常參與和社會正義有關的行動或社團。

☐ **音樂家**:熱衷於音樂創作、彈奏樂器、歌唱或譜曲。

☐ **諧星**：因為具有幽默感及搞笑能力而成為校內的知名人物，經常是眾人目光的焦點。

☐ **時裝控**：對於時尚與趨勢有興趣，穿搭風格也經常受到矚目。

如果你不怕被老師或父母責罰，而且有選擇的權力，你想扮演哪一種原型？

你可以解釋原因嗎？

在當時，最令你惱火、也就是讓你覺得不快且內心怨恨的原型是？

你可以解釋原因嗎？

畢業後，你肯定找到了一份正當的工作。但是，如果你得從事一份犯法的工作，你會選擇哪一種？

☐ **毒販**：從事非法毒品的生產、配送與銷售。

☐ 詐騙：專門從事金融詐騙、詐騙或高端網路詐騙。

☐ 駭客：透過駭客行徑、盜取個資或利用網路詐騙牟利。

☐ 走私者：從事武器、贓物等運輸非法物品的勾當。這是十九世紀法國詩人韓波（Arthur Rimbaud）在成為詩人之後所從事的職業。

☐ 勒索：通過威脅、敲詐或恐嚇手法，甚至不惜動用暴力以獲取金錢。

☐ 偽幣製造者：製造並流通偽幣，例如，形象宛如俠盜羅賓漢的瑞士傳奇人物法里內特（Farinet），便是一個著名的偽幣製造者。

☐ 銀行劫匪：專門以武裝搶劫銀行或金融機構。

☐ 小偷：參與偷竊，無論情節輕微（例如順手牽羊）或情節嚴重（如入室盜竊）。

☐ 贓物販子：專門收購與出售贓物，與小偷合作。

☐ 綁匪：利用綁票要求贖金，藉此牟取金錢。1970年代的法國頭號通緝犯雅克・梅里斯納（Jacque Mesrine），就是專門犯下綁票案件的犯罪份子。

☐ 偽造文書犯：製作與販售偽造的文件，像是護照或駕照。

☐ 其他（請描述）：

___

你能否解釋為何選擇了這條路？這項工作吸引你的地方在哪裡？

你目前所從事的工作,與上述違法事業,有沒有共同點?你可以用幽默的方式來回答。

☐ 是　　　　　☐ 否　　　　　☐ 我不知道

如果是,請說明共同點是什麼?

_____

_____

你所選擇的原型具備了什麼樣的才能?你認為自己也擁有那些才能嗎?

_____

_____

_____

下列專業罪犯當中,哪一個最吸引你?

☐ 阿爾・卡彭(**Al Capone**):著名美國黑幫,1920 年代在美國禁酒令時期因涉及酒類走私而聞名。

☐ 法蘭克・艾巴內爾(**Frank Abagnale, Jr.**):著名的贗造者與冒名頂替者。他的人生經歷是「神鬼交鋒」(Catch Me If You Can)這部電影的靈感來源。他成功假冒過機長、醫生與律師。

☐ 傑西・詹姆斯(**Jesse James**):十九世紀美國著名的法外之徒與銀行劫匪,經常被描繪成「西部羅賓漢」。

☐ 邦妮與克勞德(**Bonnie & Clyde**):全球經濟大蕭條時期著名的鴛鴦大盜,以搶劫銀行的犯行而聞名。

〔鑰匙 9〕
我的原型

☐ 查爾斯・龐氏（Charles Ponzi）：一手策劃了著名的「旁氏騙局」——某種形式的金融詐騙，承諾高回本低風險。
☐ 巴柏羅・艾斯科巴（Pablo Escobar）：麥德林（Medellin）集團首腦，以毒品帝國與殘暴行徑聞名，並參與慈善活動著稱。
☐ 瑪塔・哈里（Mata Hari）：一戰時期的知名舞孃與間諜，最終被控犯下間諜罪而遭處決。
☐ 普蘭・黛維（Phoolan Devi）：以「土匪女王」的稱號聞名。她在印度領導地方幫派，並成為對抗不公義的民間代表人物。
☐ 媽媽巴克（Ma Barker）：號稱美國的「強盜家族」。巴克家族的族長於 1920 年代涉及犯罪活動，她是「道爾頓媽媽」（Ma Dalton，和四個兒子一同參與犯罪的母親）這個漫畫人物的靈感來源。
☐ 史蒂芬妮・聖克萊爾（Stéphanie St. Clair）：美國曼哈頓哈林區（Harlem）禁酒令時期的重要人物。她指揮一個大型的賭博組織，其勢力足以與義大利黑手黨對抗。
☐ 蘇菲・里昂（Sophie Lyons）：十九世紀的罪犯與詐騙犯，以偷竊、入室行竊與詐欺的天分而聞名。
☐ 克里斯汀娜・斯維欽斯卡雅（Kristina Svechinskaya）：有「世界上最性感的駭客」之稱，為龐大網絡犯罪組織的一員。
☐ 其他（請描述）：

你是否能解釋為什麼選擇這個人物？

邪惡原型

邪惡原型對人的誘惑，在於它們能夠體現一種超越社會和道德規範的權力和自由。這些經常被視為浪漫的人物能夠挑戰既定的秩序，因此對那些自覺被邊緣化或受到誤解的人而言，往往具有強大的吸引力。

這種迷戀可能導致犯罪或不法行為——那是一種拒絕約束與規範的方式。然而，這種誘惑在本質上是危險的，因為那會導致自我傷害，也會加劇對當事人及其周遭人等的間接傷害。大眾媒體對於這些原型的美化，很可能形成一種深刻的幻滅，因為這些原型所帶來的甜美自由通常有如曇花一現，但卻引發許多負面後果。然而，在文學與電影或音樂作品中——例如饒舌樂與搖滾樂——經常讚頌它們。

在你的人生經驗中，無論是戀愛或職場關係上，是否曾經被那些違法、甚至有犯罪傾向的人所吸引？

☐ 是　　　　☐ 否　　　　☐ 我不知道

如果是，請敘述：

[鑰匙 9]
我的原型

在你的人生經驗中,是否曾經有某些時刻覺得自己被不公平地背叛了?

☐ 是　　　　☐ 否　　　　☐ 我不知道

如果是,你可以描述當時的狀況嗎?

_____

_____

_____

當時你有些什麼感受?憤怒,怨恨,還是無能為力?請描述。

_____

_____

_____

當時你想要報復嗎?

☐ 是　　　　☐ 否　　　　☐ 我不知道

如果是,你想像自己是如何復仇的?

_____

_____

_____

你是否意圖壓抑憤怒或是復仇的情緒?

☐ 是　　　　☐ 否　　　　☐ 我不知道

為什麼？

《基度山恩仇記》或者「復仇」的原型

《基度山恩仇記》（*Le Comte de Monte-Cristo*）是一本冒險小說，作者為法國文豪大仲馬（Alexandre Dumas）。內容敘述一位前途光明的年輕水手唐泰斯莫名地被指控叛國，因而入獄。原來，是幾名心懷不軌的對手共同策劃了這場冤獄：包括了覬覦他未婚妻美茜蒂絲的費爾南、嫉妒他事業有成的唐格拉爾，以及意圖掩藏秘密的檢察官維勒福。

唐泰斯在伊夫城堡內的黑牢度過了十四年。在牢裡，他遇見了博學的法利亞神父傳授給他許多學問，還告訴他有珍貴的寶藏就藏在基度山上。神父過世後，唐泰斯偷偷鑽在神父的屍袋裡成功逃脫出獄，並順利取得了寶藏。這筆巨大的財富令他搖身一變，成了高貴且神秘的基度山伯爵。

唐泰斯憑藉著全新的身分與所獲取的財富開始策劃他的復仇大計，他要讓背叛他的人落入陷阱。他以精密的計謀伸張正義，揭發了對手的道德缺點與貪污行徑，同時幫助那些在他落難時依然對他忠誠的人。

〔鑰匙9〕
我的原型

　　這些你已經識別出的原型，正是影響你對世界的看法、引導你的反應、滋養你的想像力的無聲演員。在識別與你內心獲得共鳴的原型時，你也照亮了在你的存在之中所隱藏的角落。這些原型就像一片片心理拼圖，有助於你進行內在故事的敘述。

　　你可以與不同的「你」——孩童的你、青少年的你、你內在的罪犯——進行一場對話。他們告訴你什麼？透過不帶批判的心態，聆聽他們的話語，將他們的教導內化，你將勾勒出一個更為完整版本的你。

我們要稱呼情感為
意識在魔法中的猛然墜落。

——沙特（Jean-Paul Satre，法國哲學家）

第 10 把鑰匙
我的禁忌情感

感受細微的情感流動，
悅納完整的自己。

畢卡索站在畫室的中央。早晨的陽光透過窗戶灑進室內，在釘滿素描與未完成畫作的牆面上，映出了一個個跳動的影子。穿著簡樸的畢卡索熱切地望向了畫布，他的畫筆以驚人的精確與自信在空氣中揮動，每個動作都融合了挑戰與熱情，彷彿他想捕捉的不僅是眼前的影像，還有現實的本質。

他左手端著的調色盤是一只色彩繽紛的萬花筒，見證他對深藍色、亮粉色與翡翠綠的著迷。他的畫筆在畫布上滑行的聲響，創作出一道幾乎帶有催眠魔力的和諧韻律，雜揉了油彩和松節油的氣味。於是，那張畫布彷彿有了生命。是一隻公牛嗎？還是拿著煙斗的男孩？那都不重要，所有色彩散發出了一種不可思議的情感。

就像畢卡索，你、我與其他人，每個人都是畫家，只不過我們不一定用得上畫布與畫筆。我們以身體與心靈為工具，畫出我們的現實。要怎麼做呢？那就是將情感注入我們所看見的形狀、聽見的聲音、體驗到的感受之中。情感是我們生命的色彩，它為生命中所有的體驗帶來了意義與扣人心弦的濃度。

若是沒有情感，生命就不具備意義，食物不再有滋味，工作不再有意思；我們建立的關係也不再有目的，一切將變得空洞且荒謬。情感令人類有了生命力。正如我先前所言，情感讓人類擁有真正活著的感覺，這也就是為什麼我們試圖體驗情感——除了喜悅，也包括了悲傷或憤怒。

這也是陰影產生的開端。在我們所處的社會中，「幸福」被視為人生至高的目標，如善良、慷慨或同情等價值則受到讚揚。而「情感」——尤其是負面情感——則被視為危險的東西，被棄

置於社會後院,因此,我們才會難以在思想與行為中辨認出情感。甚至在某些情況下,我們還會拒絕去感受那些情感。

情感是可以禁止去感受的嗎?當然可以!我們是否可以在內疚與羞辱或被排斥的恐懼下,為達到目的而將這類情感壓抑到潛意識的最深處?當然可以!以下我們來討論諸如「壓抑」或「抑制」的問題。

被情緒壓得喘不過氣

提柏十二歲時,他的弟弟出生了。家族裡所有的成員都開心地迎接這個新生兒。他們不但為小嬰兒布置了一間房,還買了許多衣服與成堆的玩具,更趁這個機會,媽媽大費周章地將一些收在閣樓、提柏的舊玩具給整理出來。提柏的媽媽樂壞了,而爸爸則不停地轉來繞去,生怕缺了尿布或是少了奶粉。總之,這個小寶寶的降臨為整個家帶來了喜悅與不可思議的興奮時刻。

可是,在美好幸福的畫像背後,一切並非那麼簡單,對提柏來說更是如此。

當提柏的父母帶著他來到我的診間,他正處於焦慮症發作的狀態,而且毫無緣由。突然之間,無論在家裡或學校,提柏感覺缺氧且呼吸困難。一開始,他父母以為他氣喘發作,但醫生診斷後表示一切正常。他的呼吸困難不是由肺部、喉嚨或鼻子所引起,而是有其他問題。

事實上,提柏對於弟弟的出生一點都不開心。他幹嘛要多一個弟弟?更何況小寶寶只會整天哭鬧,半夜擾人清夢,也讓人沒

辦法放心出國去旅遊。尤其是「有了弟弟」這件事，就像貪吃鬼吞下蛋糕一樣，把父母的注意力全都吞噬掉了。以前他們會陪他玩，和他說話，整天陪伴著他，結果現在……什麼都沒了！滿滿的情緒一時間淹沒了提柏，這讓他感覺就像是溺水了！

　　來找我諮商之前，提柏從來沒有表達過自己的情緒。

　　「提柏在這個世界上最愛的是他的父母。可是，他們沒問過他，就選擇生下了寶寶，所以他對他們感到憤怒。」

　　「他對這個無辜的寶寶感到憤怒，可是這個寶寶什麼也沒做，他就只是出生了而已。」

　　「因此，他對自己也感到憤怒，因為他不該有這種感覺，而應該像其他人一樣開心才對。」

　　提柏心中充滿了怒氣，還有悲傷，因為他知道他無法改變現況。此外，他心中充滿了對人生的厭惡，因為人生狠狠傷害了他，對他做了扭曲的壞事。

　　當我們不接受情感的湧現，禁止情感流動，意識就會阻止情感的通行，並將情感留在那個秘密花園裡。然而，如果我們讓壓抑的情緒重新回到意識之中，那麼某些衝突就會被釋放，因為這些情緒會不斷試圖以某種方式重現，讓人知道它們的存在。請記住一個原則：「情緒總是試圖讓人聽見。」更何況，要將情緒推出意識之外需要大量的精力，也會令人心理疲憊且精神枯竭。當然，一旦讓某些壓抑的情緒可以進入意識，我們也就需要勇敢面對那些情緒，而自我的某些重要元素（例如自我認同）也會從而改變。

〔鑰匙 10〕
我的禁忌情感

　　提柏在弟弟出生之前，一直相信自己是個「好孩子」，他也確實是個好孩子。當他開始感受到負面情緒，他沒辦法自我接納，因為如此一來，他對自我的認知就得隨之改變了。然而，提柏除了「好孩子」，什麼都不想當。

　　對提柏來說，接受自己的憤怒，就等於接受自己不是個「好孩子」。只不過，提柏誤會了「好孩子」的定義：一個「好孩子」並非毫無負面情緒（包括憤怒、厭惡、恐懼、悲傷），而是一個儘管感受到負面情緒，卻能繼續做好事的人。

　　事實上，當你的潛意識讓內心產生了負面情緒或奇怪的想法，你並不一定就得聽從、並隨之起舞，因為人類有將負面情緒昇華的能力。我們有能力將負面轉化為正面，而這也是我們現在要做的事。

　　我將引導你去發掘那些封閉在潛意識情緒的負面情緒，然後像釋放一頭關在籠裡太久的獅子一樣，將負面釋放而出。我們要嘗試將那些負面情緒昇華，亦即運用負面情緒——或起碼運用它們的能量——來提升自我，為自己帶來益處，也為你周遭的人做好事。

　　首先，可以從關注你父母是如何與情緒共處的開始。透過探索自己父母處理情緒的方法，了解他們在這方面如何教育我們，會是件有趣的事。這讓你可以在第一時間了解父母是鼓勵你表達情緒，還是反過來——他們鼓勵你抑制、甚至壓抑情緒。這是自我覺察的第一階段。

讓我們從描述父母的性格開始吧!主導情緒可以成為一個人的特徵。哪種主導情緒最接近你父親的特徵?如果你不認識你的父親,請想想在你的生活中,某個對你而言非常重要的父親形象。

☐ 歡樂
☐ 滿腔怒火
☐ 悲傷
☐ 憤慨
☐ 怯弱
☐ 警覺
☐ 容易感到驚奇或驚訝
☐ 對自己與對人生充滿信心
☐ 其他(請描述):_____

請花點時間,用感性的角度簡短描述他的性格,同時辨識出你看到他經常強烈表現出來的情緒是什麼。寫下那些情緒,以及伴隨而來的行為和態度。

_____
_____
_____

哪一種主導情緒,最接近你母親的特徵?如果你不認識你的母親,請想想在你生活當中,某個對你而言非常重要的母親形象。

☐ 歡樂

〔鑰匙 10〕
我的禁忌情感

☐ 滿腔怒火
☐ 悲傷
☐ 憤慨
☐ 怯弱
☐ 警覺
☐ 容易感到驚奇或是驚訝
☐ 對自己與對人生有信心
☐ 其他（請描述）_____

_____

請花點時間，用感性的角度簡短描述她的性格，同時辨識出你看到她經常強烈表現出來的情緒是什麼。請寫下那些情緒，以及伴隨而來的行為和態度。

_____

_____

_____

在你還小的時候，你的父母是以什麼態度處理他們的情緒？
☐ 他們非常輕易地表達出情緒。
☐ 他們能夠輕易地表達情緒。
☐ 他們在表達情緒上，有時容易，有時困難。
☐ 他們很難表達情緒。
☐ 他們幾乎從不表達情緒。

當你經歷強烈的情緒,他們會鼓勵你表達出情緒嗎?迫使一個人不表達情緒,可以透過嘲笑他、與他爭執,或是懲罰他的手段達到目的。

☐ 他們會藉由嘲笑你,強迫你隱藏情緒。
☐ 他們會藉由懲罰你,強迫你隱藏情緒。
☐ 他們會鼓勵你表達情緒。
☐ 他們有時鼓勵,有時強迫你表達情緒。

當你難過時,你的父母通常都怎麼做?

_____
_____
_____

當你生氣時,你的父母通常都怎麼做?

_____
_____
_____

當你害怕時,你的父母通常都怎麼做?

_____
_____
_____

〔鑰匙 10〕
我的禁忌情感

當你開心時,你的父母通常都怎麼做?

_____

_____

_____

_____

綜合你的人生經驗,你自認為是個什麼樣的人?

□非常容易表達情緒的人。

□容易表達情緒的人。

□表達情緒時而輕易、時而困難的人。

□難以表達情緒的人。

□非常難以表達情緒的人

如果你覺得在表達情緒上有困難,你是否認為自己最終可以學會這件事?

□是　　　　　□否　　　　　□我不知道

你認為自己可以怎麼學著讓自己更能輕易/輕鬆地表達出情緒?請描述。

_____

_____

_____

_____

陰影日記
MON SHADOW WORK JOURNAL

請試著「畫出」你此刻的情緒。不需要畫得好看，隨意描繪人物、物件或單純的形狀就可以，具體或抽象都沒關係。

你是否感覺自己正在壓抑、或曾經壓抑了某些情緒？
☐ 是　　　　☐ 否　　　　☐ 我不知道

如果是，為什麼？

___

___

___

你曾壓抑過哪些情緒？
☐ 喜悅（是的，有時我們會因為害羞或是感到羞恥而壓抑喜悅的情緒。）
☐ 信心
☐ 害怕

〔鑰匙 10〕
我的禁忌情感

☐ 驚訝
☐ 悲傷
☐ 預料（期望、等待的感覺）
☐ 憤怒
☐ 厭惡

你最難以接受或理解的情緒是什麼？為什麼？請留意，這裡並不一定專指負面情緒。事實上，某些人有壓抑喜悅的傾向，因為感受這類正面情緒會令他們覺得尷尬。

你的情緒如何影響你所做的決定？你能否舉例說明自己如何做了一個與內心情緒相左的選擇？例如，某人或某個情境激發了你內心的恐懼，但你並沒有順從這種恐懼行事。

在這種情況下，你是否認為自己沒有順從內心的情緒才是對的？例如，我們有理由不臣服於內心的恐懼而去挑戰了某件事，結果意外讓我們感到歡喜。

___

___

你是否發生過一些重大的事件,奇怪的是,你原以為內心會衍生許多情緒,事實上並沒有。

☐ 是　　　　☐ 否　　　　☐ 我不知道

如果是,請描述:

___

___

___

缺乏正面情緒

「失樂症」(anhedonia)是個醫學術語,指稱喪失感受喜悅的能力,常與多種精神疾病有關,特別是重度憂鬱、思覺失調,以及某些情緒障礙。失樂症的患者自覺難以——甚至無法——在以往能讓自己覺得愉快的活動中感受到喜悅。這種病症會對生活中包括興趣、娛樂、人際關係與整體動機等諸多層面造成影響。針對這種複雜的症狀,需要進行全面性的治療。

在社交背景下,你有沒有需要隱藏或調整的情緒?例如,因為擔心別人的反應與批評,而刻意掩飾不悅、喜悅或悲傷的感覺。

☐ 是　　　　☐ 否　　　　☐ 我不知道

如果是,請描述一個例子:

_____

_____

_____

你的人生當中,是否體驗過某些會引發內疚感的情緒?好比說,在面對某些應該感到悲傷的事件,你卻感覺到了喜悅?

□是　　　　　□否　　　　　□我不知道

如果是,請描述:

_____

_____

_____

　　你所壓抑的情緒,都是一個個未滿足需求的信使,以及還未揭示真相的守護者。在辨識出那些情緒的同時,你也用開放坦誠的光芒照亮了自身情感歷史的章節。

　　下一次,當你感受到一股強烈的情緒襲來,請跟它對話,問問它想向你傳達些什麼。給它足夠的空間表現出來,並勇於與人分享。讓它發聲的同時,你也就放下了它壓在你心頭的重擔,而你也得以與自己進行更為深層的連結。

結語

> 結束是開始。終點才是我們的出發點。
> ——英格蘭裔美國詩人 T・S・艾略特（T.S. Eliot）

現在，你已經完成了自我探索的工作；這真的是一項激烈而深刻的工作。

你真的很棒！

在闔上這本《陰影日記》後，你已經站在了秘密花園的入口。從此，你將以愛和關注悉心照料這個過往荒廢的空間。

因為這本書並不只是對於陰影的探索，更是耕耘你內在花園的指南。在這座花園中，恐懼與隱藏欲望的種子找到了發芽生長的土壤。

這是釋放內在能量的第一步；那些曾經遭到阻塞，或無從展現的能量已經找到了出口。

本書所介紹的每一把鑰匙，都是耕耘這座花園的工具，從辨識投射——就像散落在地面的鏡子碎片——到分析夢境——這些在夜晚盛開又轉瞬凋謝的花朵，每一步都是一種關懷與理解自我的方式。透過承認你所壓抑的欲望與你的佛洛伊德式錯誤，你種下了一顆全新的種子，未來成就與自我實現將指日可待。

結語

所以，現在你要對我說什麼？

接下來，要怎麼繼續這項工作？

你有很多解決辦法。我寫了好幾本工具書，讓你可以從不同角度繼續這項自我探索的工作；你也可以判斷是否該找人進行專業的諮商。

我相信你會做出正確的選擇，而你也會順從直覺做出明智的決定。無論如何，我鼓勵你繼續探索自我，希望陰影的每個角落都能成為發現的機會，而每一朵盛開的花，都能見證你內在的光明與勇氣。

祝你們順利。

本書作者 **艾梅力克・勒伯東博士**
2023 年 12 月 5 日
於普羅旺斯艾克斯（Aix-en-Provence）

國家圖書館出版品預行編目(CIP)資料

陰影日記 / 艾梅力克 勒伯東 (Emeric Lebreton) 著 ; 黃琪雯譯 . -- 初版 . -- 臺北市 : 遠流出版事業股份有限公司, 2024.09
　面；　公分
譯自 : Mon shadow work journal.
ISBN 978-626-361-827-5(平裝)

1.CST: 心理創傷　2.CST: 心理治療

178.8　　　　　　　　　　　　　113009734

陰影日記
MON SHADOW WORK JOURNAL

作　　者／艾梅力克・勒伯東（Emeric Lebreton）
譯　　者／黃琪雯
副總編輯／李嘉琪
封面設計／萬勝安
內文排版／陳佩君
特約企劃／劉妍伶

發行人／王榮文
出版發行／遠流出版事業股份有限公司
104005 台北市中山北路一段 11 號 13 樓
客服電話／(02)2571-0297　傳真／(02)2571-0197
郵撥／0189456-1
著作權顧問／蕭雄淋律師

2024 年 10 月 1 日　初版一刷
售價新台幣 380 元（缺頁或破損的書，請寄回更換）
ISBN 978-626-361-8275
有著作權・侵害必究　Printed in Taiwan

遠流博識網
http://www.ylib.com
e-mail:ylib@ylib.com

MON SHADOW WORK JOURNAL by Emeric Lebreton
© Marabout (Hachette Livre), Paris, 2024
First published in Marabout (Hachette Livre), Paris, 2024
This Complex Chinese edition published through The Grayhawk Agency.,
Complex Chinese edition copyright: 2024 YUAN-LIOU PUBLISHING CO., LTD.
All rights reserved.